Od redakcji:

W przebogatym nauczaniu Jana Pawła II bez trudu można znaleźć wiele wątków, które mają charakter testamentu duchowego. W ciągu 27 lat pontyfikatu nie było właściwie tygodnia, żeby nie powiedział słów, które zapadały w pamięć i stawały się dla milionów ludzi na świecie dewizą, jak piękniej, godniej i treściwiej żyć. Najwięcej, bo kilkaset takich wskazówek skierował do młodych całego świata, a chyba najbardziej zapadły w pamięć słowa z 1983 r. płynące z Jasnej Góry: „Wymagajcie od siebie, nawet gdyby inni od was nie wymagali" oraz powtarzane wielokrotnie wezwanie Jezusa Chrystusa: „Duc in altum" (Wypłyń na głębię). Ale są i inne słowa najbardziej kojarzone z tym pontyfikatem: „Nie lękajcie się!", „Otwórzcie drzwi Chrystusowi", „Czuwajcie", „Jedni drugich brzemiona noście", „Wstańcie, chodźmy!" i wiele, wiele innych. Nietrudno zorientować się, że w wielu przypadkach Ojciec Święty powtarzał dosłownie zdania z Pisma Świętego, ale umieszczał je we współczesnym kontekście, wydobywając z nich nieznane dotąd treści, które są szczególnie ważne dla ludzi przełomu tysiącleci. Zawsze w dziejach Kościoła było tak, że Opatrzność zsyłała świętych i proroków, którzy przypominali przyblakłe prawdy, uwrażliwiali na treści płynące z Ewangelii i z mocą głosili, że tylko w Bogu trzeba pokładać nadzieję. Nie ma wątpliwości, że takim człowiekiem był Jan Paweł II, który przyczynił się do renesansu papiestwa i spowodował, że głos Kościoła był słyszany i słuchany jak chyba nigdy dotąd.

Z nauczania papieskiego wybraliśmy najważniejsze przesłania skierowane do Polaków, do chrześcijan i całego świata, bowiem od pontyfikatu Jana XXIII następcy św. Piotra adresują swoje nauczanie również do wszystkich ludzi dobrej woli.

Dla nas szczególnie cenny jest testament Ojca Świętego skierowany do rodaków, obficie reprezentowany w tej książce. Gdybyśmy go wypełnili, dalibyśmy najlepszy dowód miłości do Papieża. Bo wtedy Kościół, nasza Ojczyzna i my sami stalibyśmy się lepsi...

Naszą publikację otwieramy najważniejszym tekstem – osobistym testamentem Ojca Świętego, opublikowanym tuż po Jego śmierci.

Grzegorz Polak

WYDAWCA

EDIPRESSE
POLSKA

UL. WIEJSKA 19
00-480 WARSZAWA
TEL.: (0-22) 584-22-00

WARSZAWA 2005

JAN PAWEŁ II
TESTAMENT

TESTAMENT

Z DNIA 6 III 1979

(I DODATKI PÓŹNIEJSZE)

W Imię Trójcy Przenajświętszej. Amen.
„Czuwajcie, bo nie wiecie, kiedy Pan wasz
przybędzie" (por. Mt 24, 42) – te słowa
przypominają mi ostateczne wezwanie,
które nastąpi wówczas, kiedy Pan zechce.
Pragnę za nim podążyć i pragnę, aby wszystko,
co składa się na moje ziemskie życie,
przygotowało mnie do tej chwili. Nie wiem,
kiedy ona nastąpi, ale tak jak wszystko, również
i tę chwilę oddaję w ręce Matki mojego Mistrza:
Totus Tuus. W tych samych rękach matczynych
zostawiam wszystko i Wszystkich, z którymi
związało mnie moje życie i moje powołanie.
W tych Rękach zostawiam nade wszystko
Kościół, a także mój Naród i całą ludzkość.
Wszystkim dziękuję. Wszystkich proszę
o przebaczenie. Proszę także o modlitwę,
aby Miłosierdzie Boże okazało się większe
od mojej słabości i niegodności.

W czasie rekolekcji przeczytałem raz jeszcze
testament Ojca Świętego Pawła VI.
Lektura ta skłoniła mnie do napisania
niniejszego testamentu.

Nie pozostawiam po sobie własności, którą
należałoby zadysponować. Rzeczy codziennego
użytku, którymi się posługiwałem, proszę rozdać
wedle uznania. Notatki osobiste spalić. Proszę,
ażeby nad tymi sprawami czuwał Ks. Stanisław,
któremu dziękuję za tyloletnią wyrozumiałą

współpracę i pomoc. Wszystkie zaś inne
podziękowania zostawiam w sercu przed Bogiem
Samym, bo trudno je tu wyrazić.

Co do pogrzebu, powtarzam te same dyspozycje,
jakie wydał Ojciec Święty Paweł VI.
[*Dodatek na marginesie*: Grób w ziemi,
bez sarkofagu. 13.3.92.].
O miejscu niech zdecyduje
Kolegium Kardynalskie i Rodacy.
„Apud Dominum Misericordia et copiosa apud
Eum redemptio."

Jan Paweł pp. II
Rzym, 6.III.1979.

Po śmierci proszę o Msze Święte i modlitwy.

5.III.1990.

Wyrażam najgłębszą ufność, że przy całej mojej
słabości Pan udzieli mi każdej łaski potrzebnej,
aby sprostać wedle Jego Woli wszelkim zadaniom,
doświadczeniom i cierpieniom, jakich zechce
zażądać od swego sługi w ciągu życia.
Ufam też, że nie dopuści, abym kiedykolwiek
przez jakieś swoje postępowanie: słowa, działanie
lub zaniedbanie działań, mógł sprzeniewierzyć się
moim obowiązkom na tej świętej Piotrowej Stolicy.

24.II.–1.III.1980.

Również w ciągu tych rekolekcji rozważałem prawdę o Chrystusowym kapłaństwie w perspektywie owego Przejścia, jakim dla każdego z nas jest chwila jego śmierci. Rozstania się z tym światem – aby narodzić się dla innego, dla świata przyszłego, którego znakiem decydującym, wymownym jest dla nas Zmartwychwstanie Chrystusa.

Odczytałem więc zeszłoroczny zapis mojego testamentu, dokonany również w czasie rekolekcji – porównałem go z testamentem mojego wielkiego Poprzednika i Ojca Pawła VI, z tym wspaniałym świadectwem o śmierci chrześcijanina i papieża – oraz odnowiłem w sobie świadomość spraw, do których sporządzony przeze mnie (w sposób raczej prowizoryczny) ów zapis z 6.III.1979 się odnosi.

Dzisiaj pragnę do niego dodać tylko tyle, że z możliwością śmierci każdy zawsze musi się liczyć. I zawsze musi być przygotowany do tego, że stanie przed Panem i Sędzią – a zarazem Odkupicielem i Ojcem. Więc i ja liczę się z tym nieustannie, powierzając ów decydujący moment Matce Chrystusa i Kościoła – Matce mojej nadziei.

Czasy, w których żyjemy, są niewymownie trudne i niespokojne. Trudna także i nabrzmiała właściwą dla tych czasów próbą – stała się droga Kościoła, zarówno Wiernych jak i Pasterzy. W niektórych krajach (jak np. w tym, o którym czytałem w czasie rekolekcji), Kościół znajduje się w okresie takiego prześladowania, które w niczym nie ustępuje pierwszym stuleciom, raczej je przewyższa co do stopnia bezwzględności i nienawiści. Sanguis Martyrum – semen Christianorum. A prócz tego – tylu ludzi ginie niewinnie, choćby i w tym kraju, w którym żyjemy...

Pragnę raz jeszcze całkowicie zdać się na Wolę Pana. On Sam zdecyduje, kiedy i jak mam zakończyć moje ziemskie życie i pasterzowanie. W życiu i śmierci Totus Tuus przez Niepokalaną. Przyjmując już teraz tę śmierć, ufam, że Chrystus da mi łaskę owego ostatniego Przejścia czyli Paschy. Ufam też, że uczyni ją pożyteczną dla tej największej sprawy, której staram się służyć: dla zbawienia ludzi, dla ocalenia rodziny ludzkiej, a w niej wszystkich narodów i ludów (wśród nich serce w szczególny sposób się zwraca do mojej ziemskiej Ojczyzny), dla osób, które szczególnie mi powierzył – dla sprawy Kościoła, dla chwały Boga Samego.

Niczego więcej nie pragnę dopisać do tego, co napisałem przed rokiem – tylko wyrazić ową gotowość i ufność zarazem, do jakiej niniejsze rekolekcje ponownie mnie usposobiły.

Jan Paweł pp. II

5.III.1982.

W ciągu tegorocznych rekolekcji przeczytałem (kilkakrotnie) tekst testamentu z 6.III.1979. Chociaż nadal uważam go za prowizoryczny (nie ostateczny), pozostawiam go w tej formie, w jakiej istnieje. Niczego (na razie) nie zmieniam, ani też niczego nie dodaję, gdy chodzi o dyspozycje w nim zawarte. Zamach na moje życie z 13.V.1981 w pewien sposób potwierdził słuszność słów zapisanych w czasie rekolekcji z 1980 r. (24.II–1.III).

Tym głębiej czuję, że znajduję się całkowicie w Bożych Rękach – i pozostaję nadal do dyspozycji mojego Pana, powierzając się Mu w Jego Niepokalanej Matce (Totus Tuus).

Jan Paweł pp. II

5.III.1982.

Ps. W związku z ostatnim zdaniem testamentu z 6.III.1979 (O miejscu m.in. pogrzebu) „niech zdecyduje Kolegium Kardynalskie i Rodacy" – wyjaśniam, że mam na myśli Metropolitę Krakowskiego lub Radę Główną Episkopatu Polski – Kolegium Kardynalskie zaś proszę, aby ewentualnym prośbom w miarę możności uczynili zadość.

1.III.1985 (w czasie rekolekcji):

Jeszcze – co do zwrotu „Kolegium Kardynalskie i Rodacy": „Kolegium Kardynalskie" nie ma żadnego obowiązku pytać w tej sprawie „Rodaków", może jednak to uczynić, jeśli z jakichś powodów uzna za stosowne.

JPII

*Rekolekcje jubileuszowego roku 2000
(12.–18.III)
(do testamentu)*

Kiedy w dniu 16 października 1978 konklawe kardynałów wybrało Jana Pawła II, Prymas Polski kard. Stefan Wyszyński powiedział do mnie: „zadaniem nowego papieża będzie wprowadzić Kościół w Trzecie Tysiąclecie". Nie wiem, czy przytaczam to zdanie dosłownie, ale taki z pewnością był sens tego, co wówczas usłyszałem. Wypowiedział je zaś Człowiek, który przeszedł do historii jako Prymas Tysiąclecia. Wielki Prymas. Byłem świadkiem Jego posłannictwa, Jego heroicznego zawierzenia. Jego zmagań i Jego zwycięstwa. „Zwycięstwo, kiedy przyjdzie, będzie to zwycięstwo przez Maryję" – zwykł był powtarzać Prymas Tysiąclecia słowa swego Poprzednika kard. Augusta Hlonda.

W ten sposób zostałem poniekąd przygotowany do zadania, które w dniu 16 października 1978 r. stanęło przede mną. W chwili, kiedy piszę te słowa, jubileuszowy Rok 2000 stał się już rzeczywistością, która trwa. W nocy 24 grudnia 1999 r. została otwarta symboliczna Brama Wielkiego Jubileuszu w Bazylice św. Piotra, z kolei u św. Jana na Lateranie, u Matki Bożej Większej (S. Maria Maggiore) – w Nowy Rok, a w dniu 19 stycznia Brama Bazyliki św. Pawła „za murami". To ostatnie wydarzenie ze względu na swój ekumeniczny charakter szczególnie zapisało się w pamięci.

2. W miarę jak Rok Jubileuszowy 2000 posuwa się naprzód, z dnia na dzień i z miesiąca na miesiąc, zamyka się za nami dwudziesty wiek, a otwiera wiek dwudziesty pierwszy. Z wyroków Opatrzności dane mi było żyć w tym trudnym stuleciu, które odchodzi do przeszłości, a w roku, w którym wiek mego życia dosięga lat osiemdziesięciu („octogesima adveniens"), należy pytać, czy nie czas powtórzyć za biblijnym Symeonem „Nunc dimittis"?

W dniu 13 maja 1981 r., w dniu zamachu na Papieża podczas audiencji na placu św. Piotra, Opatrzność Boża w sposób cudowny ocaliła mnie od śmierci. Ten, który jest jedynym Panem Życia i śmierci, sam mi to życie przedłużył, niejako podarował na nowo. Odtąd ono jeszcze bardziej do Niego należy. Ufam, że On Sam pozwoli mi rozpoznać, dokąd mam pełnić tę posługę, do której mnie wezwał w dniu 16 października 1978. Proszę Go, ażeby raczył mnie odwołać wówczas, kiedy Sam zechce. „W życiu i śmierci do Pana należymy... Pańscy jesteśmy" (por. Rz 14, 8). Ufam też, że dokąd dane mi będzie spełniać Piotrową posługę w Kościele, Miłosierdzie Boże zechce użyczać mi sił do tej posługi nieodzownych.

3. Jak co roku podczas rekolekcji odczytałem mój testament z dnia 6.III.1979. Dyspozycje w nim zawarte w dalszym ciągu podtrzymuję.

To, co wówczas a także w czasie kolejnych rekolekcji zostało dopisane, stanowi odzwierciedlenie trudnej i napiętej sytuacji ogólnej, która cechowała lata osiemdziesiąte. Od jesieni roku 1989 sytuacja ta uległa zmianie. Ostatnie dziesięciolecie ubiegłego stulecia wolne było od dawniejszych napięć, co nie znaczy, że nie przyniosło z sobą nowych problemów i trudności. Niech będą dzięki Bożej Opatrzności w sposób szczególny za to, że okres tzw. „zimnej wojny" zakończył się bez zbrojnego konfliktu nuklearnego, którego niebezpieczeństwo w minionym okresie wisiało nad światem.

4. Stojąc na progu trzeciego tysiąclecia „in medio Ecclesiae", pragnę raz jeszcze wyrazić wdzięczność Duchowi Świętemu za wielki dar Soboru Watykańskiego II, którego wraz z całym Kościołem – a w szczególności z całym Episkopatem – czuję się dłużnikiem. Jestem przekonany, że długo jeszcze dane będzie nowym pokoleniom czerpać z tych bogactw, jakimi ten Sobór XX wieku nas obdarował. Jako Biskup, który uczestniczył w soborowym wydarzeniu od pierwszego do ostatniego dnia, pragnę powierzyć to wielkie dziedzictwo wszystkim, którzy do jego realizacji są i będą w przyszłości powołani. Sam zaś dziękuję Wiecznemu Pasterzowi za to, że pozwolił mi tej wielkiej sprawie służyć w ciągu wszystkich lat mego pontyfikatu.

„In medio Ecclesiae"... od najmłodszych lat biskupiego powołania – właśnie dzięki Soborowi – dane mi było doświadczyć braterskiej wspólnoty Episkopatu. Jako kapłan Archidiecezji Krakowskiej doświadczyłem, czym jest braterska wspólnota prezbyterium – Sobór zaś otworzył nowy wymiar tego doświadczenia.

5. Ileż osób winien bym tutaj wymienić? Chyba już większość z nich Pan Bóg powołał do Siebie – Tych, którzy jeszcze znajdują się po tej stronie, niech słowa tego testamentu przypomną, wszystkich i wszędzie, gdziekolwiek się znajdują. W ciągu dwudziestu z górą lat spełniania Piotrowej posługi „in medio Ecclesiae" doznałem życzliwej i jakże owocnej współpracy wielu Księży Kardynałów, Arcybiskupów i Biskupów, wielu kapłanów, wielu osób zakonnych – Braci i Sióstr – wreszcie bardzo wielu osób świeckich, ze środowiska kurialnego, ze strony wikariatu Diecezji Rzymskiej oraz spoza tych środowisk.

Jakże nie ogarnąć wdzięczną pamięcią wszystkich na świecie Episkopatów, z którymi spotykałem się w rytmie odwiedzin „ad limina Apostolorum"? Jakże nie pamiętać tylu Braci chrześcijan – nie katolików? A rabina Rzymu? i tylu innych przedstawicieli religii pozachrześcijańskich? A ilu przedstawicieli świata kultury, nauki, polityki, środków przekazu?

6. W miarę, jak zbliża się kres mego ziemskiego życia, wracam pamięcią do jego początku, do moich Rodziców, Brata i Siostry (której nie znałem, bo zmarła przed moim narodzeniem), do wadowickiej parafii, gdzie zostałem ochrzczony, do tego miasta mojej młodości, do rówieśników, koleżanek i kolegów ze szkoły podstawowej, z gimnazjum, z uniwersytetu, do czasów okupacji, gdy pracowałem jako robotnik, a potem do parafii w Niegowici, i krakowskiej św. Floriana, do duszpasterstwa akademickiego, do środowiska... do wielu środowisk... w Krakowie, w Rzymie... do osób, które Pan mi szczególnie powierzył – wszystkim pragnę powiedzieć jedno: „Bóg Wam zapłać"!

„In manus Tuas, Domine, commendo spiritum meum."

A.D. 17.III.2000.

PRZESŁANIE DO POLAKÓW

NIE ZAPOMNIJCIE O MNIE W MODLITWIE!

Drodzy Rodacy!
Niełatwo jest zrezygnować z powrotu
do Ojczyzny, „...do tych pól umajonych kwieciem
rozmaitem, pozłacanych pszenicą, posrebrzanych
żytem" – jak pisał Mickiewicz, do tych gór i dolin,
i jezior, i rzek, do tych ludzi umiłowanych,
do tego Królewskiego Miasta. Ale skora taka jest
wola Chrystusa, trzeba ją przyjąć.
Więc przyjmuję. Proszę was tylko, aby to odejście
jeszcze bardziej nas połączyło i zjednoczyło
z tym, co stanowi treść naszej wspólnej miłości.
Nie zapominajcie o mnie w modlitwie na Jasnej
Górze i w całej naszej Ojczyźnie. Niech ten
Papież, który jest krwią z waszej krwi i sercem
z waszych serc, dobrze służy Kościołowi i światu
w trudnych czasach kończącego się drugiego
tysiąclecia. Proszę was też, abyście zachowali
wierność Chrystusowi, Jego Krzyżowi, Kościołowi
i jego pasterzom. Proszę, abyście przeciwstawili
się wszystkiemu, co uwłacza ludzkiej godności
i poniża obyczaje zdrowego społeczeństwa;
co czasem może aż zagrażać jego egzystencji
i dobru wspólnemu, co może umniejszać jego
wkład do wspólnego skarbca ludzkości, narodów
chrześcijańskich, Chrystusowego Kościoła.

LIST DO POLAKÓW, WATYKAN, 23 PAŹDZIERNIKA 1978

PRZYJDŹ, ŚWIATŁOŚCI MŁODYCH POLSKICH SUMIEŃ!

Moi Drodzy, te słowa mówi do was człowiek,
który swoją duchową formację zawdzięcza
od początku polskiej kulturze, polskiej literaturze,
polskiej muzyce, plastyce, teatrowi – polskiej
historii, polskim tradycjom chrześcijańskim,
polskim szkołom, polskim uniwersytetom.

Mówiąc do was, młodych, w ten sposób, pragnę
przede wszystkim spłacić dług, jaki zaciągnąłem
wobec tego wspaniałego dziedzictwa ducha, jakie
zaczęło się od „Bogurodzicy". Równocześnie zaś
pragnę dziś stanąć przed wami z tym
dziedzictwem, jako wspólnym dobrem
wszystkich Polaków, a zarazem z wybitną cząstką
europejskiej i ogólnoludzkiej kultury.
Proszę was: Pozostańcie wierni temu dziedzictwu!
Uczyńcie je podstawą swojego wychowania!
Uczyńcie je przedmiotem szlachetnej dumy!
Przechowajcie to dziedzictwo! Pomnóżcie
to dziedzictwo! Przekażcie je następnym
pokoleniom!
Przybądź, Duchu Święty,
Ześlij z nieba wzięty
światła Twego strumień.
Przyjdź, Ojcze ubogich,
Przyjdź, Dawco łask drogich,
Przyjdź, Światłości sumień...
...Światłości młodych polskich sumień, przyjdź!
Przyjdź i umocnij w nich tę miłość, z której się
kiedyś poczęła pierwsza polska pieśń
„Bogurodzica": orędzie wiary i godności człowieka
na naszej ziemi polskiej, na słowiańskiej ziemi!

DO POLSKIEJ MŁODZIEŻY, GNIEZNO, 3 CZERWCA 1979

ODWAŻCIE SIĘ PRZYJĄĆ TĘ MIARĘ

Przyjmijcie ode mnie tę modlitwę, której nauczył
mnie mój Ojciec – i pozostańcie jej wierni.
Będziecie wówczas trwać w wieczerniku Kościoła,
związani z najgłębszym nurtem jego dziejów,
i będziecie wówczas trwać w wieczerniku
dziejów Narodu.
Ogromnie wiele zależy od tego, jaką każdy z was
przyjmie miarę swojego życia, swojego
człowieczeństwa. Wiecie dobrze, że są różne
miary. Wiecie, że są różne kryteria oceny

człowieka, wedle których kwalifikuje się go już w czasie studiów, potem w pracy zawodowej, w różnych kontaktach personalnych itp. Odważcie się przyjąć tę miarę, którą pozostawił nam Chrystus w Wieczerniku Zielonych Świąt – a także w wieczerniku naszych dziejów. Odważcie się spojrzeć na swoje życie w jego bliższej i dalszej perspektywie, przyjmując za prawdę to, co św. Paweł napisał w swoim Liście do Rzymian: „Wiemy przecież, że całe stworzenie aż dotąd jęczy i wzdycha w bólach rodzenia" (Rz 8, 22) – czyż nie jesteśmy świadkami tych bólów? Bowiem „stworzenie z upragnieniem oczekuje objawienia się synów Bożych" (Rz 8, 19). A więc oczekuje nie tylko na to, że uniwersytety i różnego typu wyższe uczelnie, a przedtem średnie, a przedtem szkoły podstawowe, przygotują inżynierów, lekarzy, prawników, filologów, historyków, humanistów, matematyków i techników, ale oczekuje na objawienie się synów Bożych! Oczekuje od was tego objawienia – od was, którzy w przyszłości będziecie lekarzami, technikami, prawnikami, profesorami...

Zrozumcie, że człowiek stworzony przez Boga na Jego obraz i podobieństwo jest równocześnie wezwany w Chrystusie do tego, aby w nim objawiło się to, co jest z Boga. Aby w każdym z nas objawił się w jakiejś mierze Bóg. Pomyślcie nad tym!

DO POLSKIEJ MŁODZIEŻY, WARSZAWA, 3 CZERWCA 1979

OBY APEL JASNOGÓRSKI NIE PRZESTAŁ BYĆ NASZYM PROGRAMEM!

„Trzeźwymi bądźcie i czuwajcie" – woła św. Piotr (por. 1 P 5, 8), a ja dzisiaj, w godzinie „Apelu Jasnogórskiego" powtarzam jego słowa. Bo jestem tutaj, ażebym w tej godzinie czuwał razem z wami, abym przypomniał wam,

jak głęboko odczuwam każde zagrożenie człowieka, rodziny, narodu. Zagrożenie to ma zawsze swe źródło w naszej ludzkiej słabości, w słabej woli, w powierzchownym stosunku do życia. I dlatego, moi Drodzy Rodacy, w tej godzinie szczególnej szczerości, w tej godzinie otwarcia serc przed naszą Matką, przed naszą Jasnogórską Panią, mówię wam o tym i zwierzam wam to. Nie ulegajcie słabościom! Nie dajcie się zwyciężyć złu, ale zło dobrem zwyciężajcie! (por. Rz 12, 21). Jeśli widzisz, że brat twój upada, podźwignij go, a nie pozostaw w zagrożeniu. Czasem trudno dźwignąć drugiego człowieka, zwłaszcza gdy, jak to się mówi, „leci nam przez ręce", ale czyż można go odpuścić? Przecież sam Bóg, sam Chrystus zawierza nam każdego z naszych braci, naszych rodaków – i mówi: „Coście jemu uczynili, Mnieście uczynili" (por. Mt 25, 40). Strzeżcie się też, abyście nie okazali się winnymi grzechów cudzych! Ciężkie słowa wypowiada Chrystus pod adresem czyniących zgorszenie, a zwłaszcza zgorszenie maluczkich (por. Mt 18, 6–7). Pomyśl więc, Drogi Bracie i Siostro, w tej godzinie narodowej szczerości wobec Matki i wobec Jej miłującego Serca, czy może nie gorszysz, czy może nie nakłaniasz do złego, czy lekkomyślnie nie bierzesz na swoje sumienie wad albo nałogów, które przez ciebie zaciągają inni... młodzi... może nawet twoje własne dzieci. Trzeźwymi bądźcie i czuwajcie! Czuwać zaś i pamiętać w ten sposób... to znaczy być przy Maryi. Jestem przy Tobie! Nie mogę być przy Niej, przy Matce, przy Pani Jasnogórskiej, nie czuwając i nie pamiętając w ten sposób. Jeśli zaś czuwam i pamiętam, to przez to samo jestem przy Niej. A ponieważ Ona tak bardzo weszła w nasze serca – najłatwiej nam czuwać i pamiętać o tym, co jest naszym dziedzictwem i naszym obowiązkiem, będąc przy Niej, będąc przy Maryi. Jestem przy Tobie. I na pewno też tym kieruje się od lat Ksiądz Prymas i Episkopat Polski, gdy zaprasza i wzywa Rodaków, ażeby stawali się pomocnikami Maryi. To jest nic innego, jak tylko przetłumaczenie na język życia codziennego, polskiego, „Apelu Jasnogórskiego": „Jestem przy Tobie, pamiętam, czuwam". Jestem przy Tobie – jestem z Tobą.

Moi Drodzy! Oby „Apel Jasnogórski" nie przestał być naszą modlitwą i naszym programem. Modlitwą i programem wszystkich. W sposób szczególny niech będzie modlitwą i programem polskich rodzin. Wiemy, że rodzina jest pierwszą i podstawową ludzką wspólnotą. Jest środowiskiem życia i środowiskiem miłości. Życie całych społeczeństw, narodów, państw, Kościoła zależy od tego, czy rodzina jest pośród nich prawdziwym środowiskiem życia i środowiskiem miłości. Wiele trzeba czynić – a nie za wiele znaczy uczynić wszystko, co można, ażeby rodzinie stworzyć po temu warunki. Warunki pracy, warunki mieszkaniowe, warunki utrzymania, opiekę nad poczynającym się życiem, poszanowanie społeczne rodzicielstwa, radość z dzieci, które przychodzą na świat, pełne prawo wychowania, a zarazem wieloraką pomoc w tym wychowaniu – oto cały wielki, bogaty program, od którego zależy przyszłość człowieka i przyszłość Narodu. O jakże bardzo pragnę, Drodzy Rodacy, jakże bardzo pragnę tego, ażeby w programie tym wypełniał się z dnia na dzień i z roku na rok „Apel Jasnogórski": modlitwa polskich serc.

JASNA GÓRA, 5 CZERWCA 1979

ABYŚCIE NIE UTRACILI WOLNOŚCI DUCHA

I dlatego pozwólcie, że zanim odejdę, popatrzę jeszcze stąd na Kraków, na ten Kraków, w którym każdy kamień i każda cegła jest mi droga – i popatrzę stąd na Polskę... I dlatego – zanim stąd odejdę, proszę was, abyście całe to

duchowe dziedzictwo, któremu na imię „Polska", raz jeszcze przyjęli z wiarą, nadzieją i miłością
– taką jaką zaszczepia w nas Chrystus na chrzcie świętym;
– abyście nigdy nie zwątpili i nie znużyli się i nie zniechęcili;
– abyście nie podcinali sami tych korzeni, z których wyrastamy.
Proszę was,
– abyście mieli ufność nawet wbrew każdej swojej słabości, abyście szukali zawsze duchowej mocy u Tego, u którego tyle pokoleń ojców naszych i matek ją znajdowało;
– abyście od Niego nigdy nie odstąpili;
– abyście nigdy nie utracili tej wolności ducha, do której On „wyzwala" człowieka;
– abyście nigdy nie wzgardzili tą Miłością, która jest „największa", która się wyraziła przez Krzyż, a bez której życie ludzkie nie ma ani korzenia, ani sensu.
Proszę was o to przez pamięć i przez potężne wstawiennictwo Bogarodzicy z Jasnej Góry i wszystkich jej sanktuariów na ziemi polskiej, przez pamięć św. Wojciecha, który zginął dla Chrystusa nad Bałtykiem, przez pamięć św. Stanisława, który legł pod mieczem królewskim na Skałce – Proszę Was o to. Amen.

KRAKÓW, 10 CZERWCA 1979

NIECH TOWARZYSZY WAM ODWAGA, ROZTROPNOŚĆ I UMIARKOWANIE

Myślę, Drodzy Państwo, że macie pełną świadomość zadań, jakie stają przed wami w „Solidarności". Są to zadania niezwykle doniosłe. Wiążą się one z potrzebą pełnego zabezpieczenia godności i skuteczności ludzkiej pracy poprzez uwzględnienie wszystkich osobistych, rodzinnych i społecznych uprawnień każdego człowieka: podmiotu pracy.

W tym znaczeniu zadania te mają podstawowe znaczenie dla życia całego społeczeństwa, całego narodu: dla jego dobra wspólnego. Dobro wspólne bowiem społeczeństwa sprowadza się ostatecznie do tego, kim w owym społeczeństwie jest każdy człowiek – jak pracuje i jak żyje. Stąd też wasza samorządna działalność posiada – i zawsze posiadać powinna – wyraźne odniesienie do całej moralności społecznej. Przede wszystkim do moralności związanej z dziedziną pracy, ze stosunkiem pomiędzy pracownikiem a pracodawcą, ale także z tylu innymi dziedzinami moralności: osobistej, rodzinnej, środowiskowej, zawodowej, politycznej. Myślę, że u podstaw waszej wielkiej inicjatywy, która rodziła się w ciągu sierpniowych tygodni na Wybrzeżu i w innych wielkich miastach polskiej pracy, tkwił jakiś zbiorowy zryw do podniesienia moralności społeczeństwa. Bez niej bowiem nie może być mowy o żadnym prawdziwym postępie. A Polska ma prawo do prawdziwego postępu – takie samo, jak każdy inny naród, a równocześnie poniekąd szczególne: bo okupione wielkimi doświadczeniami historii, a bezpośrednio cierpieniami drugiej wojny światowej. Tu naprawdę chodziło – i nadal chodzi, i chodzić będzie – o ściśle wewnętrzną sprawę wszystkich Polaków. Wysiłek jesiennych tygodni nie był skierowany przeciwko nikomu – i nie jest też przeciwko nikomu skierowany ten wysiłek, ten ogromny wysiłek, jaki w dalszym ciągu stoi przed wami. Nie jest skierowany przeciwko – jest skierowany wyłącznie ku wspólnemu dobru. A prawo, co więcej – obowiązek podejmowania takiego wysiłku posiada każde społeczeństwo, każdy naród. Jest to prawo potwierdzone całym kodeksem życia międzynarodowego. Wiemy, że w ciągu dziejów kilkakrotnie przemocą pozbawiono Polaków tego właśnie prawa. To jednak nie oduczyło nas ufać Bożej Opatrzności – i wciąż rozpoczynać na nowo. W interesie pokoju i międzynarodowej praworządności leży, aby Polska cieszyła się w pełni tym prawem. Opinia światowa jest przekonana o słuszności tego stanowiska. Działalność związków zawodowych nie ma charakteru politycznego, nie powinna być narzędziem działania nikogo, żadnej partii politycznej, aby mogła w sposób wyłączny i w pełni samorządny skupić się na wielkim dorobku społecznym ludzkiej pracy – i ludzi pracy.

DO DELEGACJI „SOLIDARNOŚCI",
WATYKAN, 15 STYCZNIA 1981

MUSICIE OD SIEBIE WYMAGAĆ, NAWET GDYBY INNI OD WAS NIE WYMAGALI

Co to znaczy: *czuwam*?
To znaczy, że staram się być człowiekiem sumienia. Że tego sumienia nie zagłuszam i nie zniekształcam. Nazywam po imieniu dobro i zło, a nie zamazuję. Wypracowuję w sobie dobro, a ze zła staram się poprawiać, przezwyciężając je w sobie. To taka bardzo podstawowa sprawa, której nigdy nie można pomniejszyć, zepchnąć na dalszy plan. Nie. Nie! Ona jest wszędzie i zawsze pierwszoplanowa. Jest zaś tym ważniejsza, im więcej okoliczności zdaje się sprzyjać temu, abyśmy tolerowali zło, abyśmy się łatwo z niego rozgrzeszali. Zwłaszcza jeżeli tak postępują inni. Moi Drodzy Przyjaciele! Do Was, do Was należy położyć zdecydowaną zaporę demoralizacji – zaporę tym wadom społecznym, których ja tu nie będę nazywał po imieniu, ale o których Wy sami doskonale wiecie. Musicie od siebie wymagać, nawet gdyby inni od Was nie wymagali. Doświadczenia historyczne mówią nam o tym, ile kosztowała cały naród okresowa demoralizacja. Dzisiaj, kiedy zmagamy

się o przyszły kształt naszego życia społecznego, pamiętajcie, że ten kształt zależy od tego, jaki będzie człowiek. A więc czuwajcie!

Chrystus powiedział podczas modlitwy w Ogrójcu apostołom: *czuwajcie i módlcie się, abyście nie ulegli pokusie.* Czuwam – to znaczy dalej: dostrzegam drugiego. Nie zamykam się w sobie, w ciasnym podwórku własnych interesów czy też nawet osądów. Czuwam – to znaczy: miłość bliźniego – to znaczy: podstawowa międzyludzka solidarność. (...)

Czuwam – to znaczy także: czuję się odpowiedzialny za to wielkie, wspólne dziedzictwo, któremu na imię Polska. To imię nas wszystkich określa. To imię nas wszystkich zobowiązuje. To imię nas wszystkich kosztuje. Może czasem zazdrościmy Francuzom, Niemcom czy Amerykanom, że ich imię nie jest związane z takim kosztem historii. Że o wiele łatwiej są wolni. Podczas gdy nasza polska wolność tak dużo kosztuje. Nie będę, moi drodzy, przeprowadzał analizy porównawczej. Powiem tylko, że to, co kosztuje, właśnie stanowi wartość. Nie można zaś być prawdziwie wolnym bez rzetelnego i głębokiego stosunku do wartości. Nie pragnijmy takiej Polski, która by nas nic nie kosztowała. Natomiast czuwajmy przy wszystkim, co stanowi autentyczne dziedzictwo pokoleń, starając się wzbogacić to dziedzictwo. Naród zaś jest przede wszystkim bogaty ludźmi. Bogaty człowiekiem. Bogaty młodzieżą! Bogaty każdym, który czuwa w imię prawdy, ona bowiem nadaje kształt miłości.

JASNA GÓRA, 18 CZERWCA 1983

JEDEN DRUGIEGO BRZEMIONA NOŚCIE

„Jeden drugiego brzemiona noście" – to zwięzłe zdanie apostoła jest inspiracją dla międzyludzkiej i społecznej solidarności. Solidarność – to znaczy: jeden i drugi, a skoro brzemię, to brzemię niesione razem, we wspólnocie. A więc nigdy: jeden przeciw drugiemu. Jedni – przeciw drugim. I nigdy „brzemię" dźwigane przez człowieka samotnie. Bez pomocy drugich. Nie może być walka silniejsza od solidarności. (Właśnie chcę o tym mówić, więc pozwólcie wypowiedzieć się Papieżowi, skoro chce mówić o was, a także w pewnym sensie za was.) Nie może być program walki ponad programem solidarności. Inaczej – rosną zbyt ciężkie brzemiona. I rozkład tych brzemion narasta w sposób nieproporcjonalny. Gorzej jeszcze: gdy mówi się naprzód „walka" – choćby w znaczeniu walki klas – to bardzo łatwo drugi, czy drudzy pozostają na „polu społecznym" przede wszystkim jako wrogowie. Jako ci, których trzeba zwalczyć, których trzeba zniszczyć. Nie jako ci, z którymi trzeba szukać porozumienia, z którymi wspólnie należy obmyślać: jak „dźwigać brzemiona". „Jeden drugiego brzemiona noście."

GDAŃSK, 12 CZERWCA 1987

NIGDY NIE MOŻNA „ZDEZERTEROWAĆ"

Wiemy, że tu, na tym miejscu, na Westerplatte, we wrześniu 1939 roku grupa młodych Polaków, żołnierzy, pod dowództwem majora Henryka Sucharskiego trwała ze szlachetnym uporem, podejmując nierówną walkę z najeźdźcą. Walkę bohaterską. Pozostali w pamięci narodu jako wymowny symbol. Trzeba, ażeby ten symbol wciąż przemawiał, ażeby stanowił wyzwanie dla coraz nowych ludzi i pokoleń Polaków. Każdy z was, młodzi przyjaciele, znajduje też w życiu jakieś swoje „Westerplatte". Jakiś wymiar zadań, które musi podjąć i wypełnić. Jakąś słuszną

sprawę, o którą nie można nie walczyć.
Jakiś obowiązek, powinność, od której nie można
się uchylić. Nie można „zdezerterować".
Wreszcie – jakiś porządek prawd i wartości,
które trzeba „utrzymać" i „obronić",
tak jak Westerplatte, w sobie i wokół siebie.
Tak, obronić – dla siebie i dla innych.

WESTERPLATTE, 12 CZERWCA 1987

ABYŚCIE NIGDY NIE ZAPOMINALI!

Stąd, znad Bałtyku, proszę was, wszyscy moi
rodacy, synowie i córki wspólnej Ojczyzny,
abyście nie pozwolili rozbić tego naczynia, które
zawiera Bożą Prawdę i Boże Prawo. Proszę,
abyście nie pozwolili go zniszczyć. Abyście sklejali
je z powrotem, jeśli popękało.
Abyście nigdy nie zapominali:
„Jam jest Pan, Bóg twój, którym cię wywiódł
z ziemi egipskiej, z domu niewoli. Nie będziesz
miał bogów cudzych przede Mną!"
– Nie będziesz brał Imienia Pana, Boga twego
nadaremno.
– Pamiętaj, abyś dzień święty święcił.
– Czcij ojca twego i twoją matkę.
– Nie zabijaj.
– Nie cudzołóż.
– Nie kradnij.
– Nie mów fałszywego świadectwa.
– Nie pożądaj żony bliźniego twego.
– Nie pożądaj żadnej rzeczy, która jego jest.
Oto Dekalog: dziesięć słów. Od tych dziesięciu
prostych słów zależy przyszłość człowieka
i społeczeństw. Przyszłość narodu, państwa,
Europy, świata.

KOSZALIN, 1 CZERWCA 1991

WOLNOŚCI TRZEBA SIĘ UCZYĆ!

Słyszałem wielokrotnie, także i podczas tego
pielgrzymowania po Polsce, słowa: „trudna jest ta
wolność, którą mamy". Wolność jest trudna.
Wolność jest trudna, trzeba się jej uczyć, trzeba
się uczyć być prawdziwie wolnym, trzeba się
uczyć być wolnym tak, ażeby nasza wolność nie
stawała się naszą własną niewolą, zniewoleniem
wewnętrznym ani też nie stawała się przyczyną
zniewolenia innych. Ta sprawa bardzo ciąży nad
dziedziną światowej ekonomii. Zresztą trzeba się
uczyć, jak być wolnym w różnych wymiarach
życia i stąd wydaje mi się, że te katechezy
związane z Dekalogiem są może najlepszą
przysługą, jaką pielgrzymujący papież mógł oddać
swoim rodakom w czasie tej pielgrzymki.
Pozostaje jeszcze jedno i największe przykazanie,
przykazanie miłości, ale to sobie zostawiamy
na Warszawę.
„Uczcie się ode Mnie"...
Uczcie się całej prawdy zawartej w każdym
z przykazań Dekalogu. Uczcie się prawdy
dziesiątego przykazania. Pożądanie rzeczy
jest korzeniem egoizmu, a nawet zawiści
i nienawiści wzajemnych.

PŁOCK, 7 CZERWCA 1991

BOGU DZIĘKUJCIE, DUCHA NIE GAŚCIE!

„Bogu dziękujcie". Tak. Trzeba dziękować Bogu.
To jest zasadniczy warunek, aby „nie gasić
ducha". Słowa Apostoła są wezwaniem
i przestrogą zarazem. Jeśli Bóg dał nam siły ducha
potrzebne do „przejścia przez Morze Czerwone"
– jeszcze raz odwołuję się do tego porównania
Księdza Prymasa – to teraz, wędrując ku
przyszłości, nie możemy zrażać się trudnościami.
Te trudności są nieodzowne. Należą one poniekąd
do samej istoty przemian, jakie muszą się

dokonać. Przejście od społeczeństwa „zniewolonego" do społeczeństwa obywatelskiego, suwerennego, do Rzeczypospolitej, stawia przed każdym nowe zadania. Przeciw ich podjęciu działają dawne nawyki, a częściowo też dawne struktury, których nie sposób wymienić z dnia na dzień. „Ducha nie gaście" to znaczy też nie pozwólcie się zniewolić różnym odmianom materializmu, który pomniejsza pole widzenia wartości – i człowieka samego też pomniejsza. Duch Prawdy, którego przyniósł Chrystus, jest źródłem prawdziwej wolności i prawdziwej godności człowieka.

POŻEGNANIE Z OJCZYZNĄ, WARSZAWA, 9 CZERWCA 1991

ABYŚMY NIE ROZPROSZYLI WOLNOŚCI

Wolność można utracić od zewnątrz, może ktoś mi tę wolność zabrać, ale można także wolność posiadać i źle jej używać. To jest czasem gorsze od utraty wolności zewnętrznej, gdyż utrata wolności prowokuje, tak jak nas prowokowała w przeszłości: w XIX w. w czasie rozbiorów, w XX w. w czasie okupacji i po okupacji. Jeszcze większe niebezpieczeństwo dla wolności, jeszcze większe zagrożenie pochodzi od wewnątrz, gdy myślimy, że jesteśmy wolni i tej wolności źle używamy i ją rozpraszamy. I na to też nie ma innej mocy jak tylko ta jasnogórska moc wielkiej modlitwy. I dlatego z wami razem tutaj, pielgrzymami w Rzymie i z wszystkimi, którzy są na Jasnej Górze i będą jutro, i będą kiedykolwiek przez cały rok, łączę się w prośbie o tę wielką modlitwę całego narodu, ażebyśmy nie rozproszyli wolności, którą mamy, bo i takie doświadczenia historyczne są za nami.

WATYKAN, 2 MAJA 1993

POLSKA WOŁA O LUDZI SUMIENIA

Nasza Ojczyzna stoi dzisiaj przed wieloma trudnymi problemami społecznymi, gospodarczymi, także politycznymi. Trzeba je rozwiązywać mądrze i wytrwale. Jednak najbardziej podstawowym problemem pozostaje sprawa ładu moralnego. Ten ład jest fundamentem życia każdego człowieka i każdego społeczeństwa. Dlatego Polska woła dzisiaj nade wszystko o ludzi sumienia! Być człowiekiem sumienia, to znaczy przede wszystkim w każdej sytuacji swojego sumienia słuchać i jego głosu w sobie nie zagłuszać, choć jest on nieraz trudny i wymagający; to znaczy angażować się w dobro i pomnażać je w sobie i wokół siebie, a także nie godzić się nigdy na zło, w myśl słów św. Pawła: „Nie daj się zwyciężyć złu, ale zło dobrem zwyciężaj!" (Rz 12, 21). Być człowiekiem sumienia, to znaczy wymagać od siebie, podnosić się z własnych upadków, ciągle na nowo się nawracać. Być człowiekiem sumienia, to znaczy angażować się w budowanie Królestwa Bożego: królestwa prawdy i życia, sprawiedliwości, miłości i pokoju, w naszych rodzinach, w społecznościach, w których żyjemy i w całej Ojczyźnie; to znaczy także podejmować odważnie odpowiedzialność za sprawy publiczne; troszczyć się o dobro wspólne, nie zamykać oczu na biedy i potrzeby bliźnich, w duchu ewangelicznej solidarności: „Jeden drugiego brzemiona noście" (Ga 6, 2). Pamiętam, że powiedziałem te słowa w Gdańsku podczas odwiedzin w 1987 r. na Zaspie. Nasz wiek XX był okresem szczególnych gwałtów zadawanych ludzkim sumieniom. W imię totalitarnych ideologii miliony ludzi zmuszano do działań niezgodnych z ich najgłębszymi przekonaniami. Wyjątkowo bolesne doświadczenia ma pod tym względem cała Europa Środkowowschodnia. Pamiętamy ten okres zniewalania sumień, okres pogardy dla

godności człowieka, cierpień tylu niewinnych ludzi, którzy własnym przekonaniom postanowili być wierni. Pamiętamy, jak doniosłą rolę odegrał w tamtych trudnych czasach Kościół jako obrońca praw sumienia – i to nie tylko ludzi wierzących! Zadawaliśmy sobie w tamtych latach pytanie: „Czy może historia płynąć przeciw prądowi sumień?". Za jaką cenę „może"?
Właśnie: za jaką cenę?... Tą ceną są niestety głębokie rany w tkance moralnej narodu, a przede wszystkim w duszach Polaków, które jeszcze się nie zabliźniły, które jeszcze długo trzeba będzie leczyć.
O tamtych czasach, czasach wielkiej próby sumień trzeba pamiętać, gdyż są one dla nas stale aktualną przestrogą i wezwaniem do czujności: aby sumienia Polaków nie ulegały demoralizacji, aby nie poddawały się prądom moralnego permisywizmu, aby umiały odkryć wyzwalający charakter wskazań Ewangelii i Bożych przykazań, aby umiały wybierać, pamiętając o Chrystusowej przestrodze: „Cóż bowiem za korzyść stanowi dla człowieka zyskać świat cały, a swoją duszę utracić? Bo cóż może dać człowiek w zamian za swoją duszę?" (Mk 8, 36–37).

Skoczów, 22 maja 1995

Trzeba zrobić rachunek sumienia

Drodzy bracia i siostry! Na naszej polskiej ziemi krzyż ma długą, już ponadtysiącletnią historię. Jest to historia zbawienia, która wpisuje się w historię tej wielkiej wspólnoty ludzkiej, jaką jest naród. W okresach najcięższych dziejowych prób naród szukał i znajdował siłę do przetrwania i do powstania z dziejowych klęsk właśnie w nim – w Chrystusowym Krzyżu. I nigdy się nie zawiódł. Był mocny mocą i mądrością Krzyża. Czy można o tym nie pamiętać? Przychodzą mi w tym momencie

na pamięć słowa, które wypowiedziałem na Błoniach Krakowskich w czasie pierwszej pielgrzymki do Ojczyzny w r. 1979. Upłynęło od tego momentu szesnaście lat, a aktualność tamtych słów ciągle rośnie. Mówiłem wtedy: „Czy można odrzucić Chrystusa i wszystko to, co On wniósł w dzieje człowieka? On! Oczywiście, że można. Człowiek jest wolny. Człowiek może powiedzieć Bogu: nie. Może powiedzieć Chrystusowi: nie. Ale pytanie zasadnicze: czy wolno? I w imię czego «wolno»? Jaki argument rozumu, jaką wartość woli i serca można przedłożyć sobie samemu i bliźnim, i rodakom, i narodowi, ażeby odrzucić, ażeby powiedzieć «nie» temu, czym wszyscy żyliśmy przez tysiąc lat?! Temu, co stworzyło podstawę naszej tożsamości i zawsze ją stanowiło."
Dzisiaj, kiedy Polska kładzie podwaliny pod swój wolny i suwerenny byt – po tylu latach doświadczeń totalitaryzmu – trzeba te słowa przypomnieć. Trzeba po szesnastu latach zrobić w ich świetle dogłębny rachunek sumienia: Dokąd idziemy? W którą stronę podążają sumienia?

Skoczów, 22 maja 1995

Konieczna jest w Polsce wielka, zbiorowa solidarność

Idea „Solidarności" należy do polskiego dziedzictwa, jest dobrem, które zostało odkupione ofiarą, cierpieniem, a nawet życiem wielu ludzi. Nie wolno nam tego dobra zmarnować. To dobro trzeba wciąż pomnażać, aby na stałe wrosło w glebę polskich serc i w świadomość pokoleń obecnych i przyszłych.
W obliczu przemian, jakie dokonują się obecnie w Polsce, pragnę wyczulić wasze sumienia na ewangeliczne ideały miłości, sprawiedliwości i solidarności, ideały, które winny nadawać

kierunek wszelkim działaniom na dzisiaj
i na przyszłość. Nie może istnieć prawdziwy ład
społeczny bez tych wartości. Nie może
prawidłowo funkcjonować społeczeństwo,
które chce się określić jako demokratyczne
i wolne, bez poszanowania podstawowych
praw człowieka, w tym najbardziej
fundamentalnego prawa do życia od poczęcia
aż do naturalnej śmierci. (...)
Potrzebna jest odważna i owocna współpraca
oraz wola dialogu ze strony wszystkich,
którym leży na sercu dobro kraju i społeczeństwa.
Konieczna jest dziś w Polsce wielka, zbiorowa
solidarność umysłów, serc i rąk, solidarność
zdolna przezwyciężyć podziały i rozbieżności,
by konsekwentnie i z poświęceniem można było
budować społeczeństwo bardziej sprawiedliwe,
wolne i braterskie. Potrzebna jest więc głęboka
formacja wszelkich członków „Solidarności",
formacja otwarta na nowe zjawiska zachodzące
w społeczeństwie, a równocześnie wierna
wartościom, które kształtowały początki waszego
Związku. Chodzi tu nie tylko o zdobycie wiedzy
i kompetencji niezbędnych w podejmowaniu
odpowiedzialnych zadań, ale także o wolę
konsekwentnego postępowania i poświęcania się
dla wspólnego dobra w duchu społecznej nauki
Kościoła. Chodzi o nową kulturę pracy
uwzględniającą potrzeby duchowe i materialne
człowieka i szanującą jego podstawowe prawa.
Rzetelna, wytrwała i uczciwa praca stanie się
w ten sposób drogą wiodącą do prawdziwego
postępu i drogą nadziei. Stanie się czynnikiem
jednoczącym, znakiem jedności i solidarności
międzyludzkiej. Będzie zdolna zbliżać umysły,
spajać ze sobą serca i pomoże odkrywać,
że ludzie są braćmi.

DO PIELGRZYMKI NSZZ „SOLIDARNOŚĆ",
WATYKAN, 11 LISTOPADA 1996

STRZEŻCIE SIĘ WSZELKICH POKUS WYZYSKU

Praca ludzka nie może być traktowana tylko
jako siła potrzebna dla produkcji – tak zwana
„siła robocza". Człowiek nie może być widziany
jako narzędzie produkcji. *Człowiek jest twórcą*
pracy i jej sprawcą. Trzeba uczynić wszystko,
ażeby praca nie straciła swojej właściwej
godności. Celem bowiem pracy – każdej pracy
– jest sam człowiek. Dzięki niej winien się
udoskonalać, pogłębiać swoją osobowość.
Nie wolno nam zapominać – i to chcę z całą siłą
podkreślić – *iż praca jest „dla człowieka",*
a nie człowiek człowiek „dla pracy". Wielkie
zadania stawia przed nami Pan Bóg, domagając się
od nas świadectwa na polu społecznym.
Jako chrześcijanie, jako ludzie wierzący musimy
uwrażliwiać nasze sumienia na wszelkiego
rodzaju niesprawiedliwość czy formy wyzysku
jawnego lub zakamuflowanego. Zwracam się tu
przede wszystkim do tych braci w Chrystusie,
którzy zatrudniają innych. Nie dajcie się zwodzić
wizji szybkiego zysku, kosztem innych. Strzeżcie
się wszelkich pokus wyzysku. W przeciwnym
razie każde dzielenie eucharystycznego Chleba
stanie się dla was wyrzutem i oskarżeniem.
Tych zaś, którzy podejmują jakikolwiek rodzaj
pracy, zachęcam: spełniajcie ją *odpowiedzialnie,*
uczciwie i solidnie. Podejmujcie obowiązki
w duchu współpracy z Bogiem w dziele
stwarzania świata. „Czyńcie sobie ziemię
poddaną" (por. Rdz 1, 28). Podejmujcie pracę
w poczuciu odpowiedzialności za pomnażanie
dobra wspólnego, które ma służyć nie tylko temu
pokoleniu, ale wszystkim, którzy w przyszłości
zamieszkiwać będą tę ziemię – naszą ojczystą,
polską ziemię.

LEGNICA, 2 CZERWCA 1997

NIE WSTYDŹCIE SIĘ KRZYŻA!

Umiłowani bracia i siostry, nie wstydźcie się krzyża. Starajcie się na co dzień podejmować krzyż i odpowiadać na miłość Chrystusa. Brońcie krzyża, nie pozwólcie, aby Imię Boże było obrażane w waszych sercach, w życiu społecznym czy rodzinnym. Dziękujmy Bożej Opatrzności za to, że krzyż powrócił do szkół, urzędów publicznych, szpitali. Niech on tam pozostanie! Niech przypomina o naszej chrześcijańskiej godności i narodowej tożsamości, o tym, kim jesteśmy i dokąd zmierzamy, i gdzie są nasze korzenie. Niech przypomina nam o miłości Boga do człowieka, która w krzyżu znalazła swój najgłębszy wyraz.

ZAKOPANE, 6 CZERWCA 1997

NIE MA SOLIDARNOŚCI BEZ MIŁOŚCI

Drodzy bracia i siostry: „W niczym nie dajcie się zastraszyć przeciwnikom„ (Flp 1, 28) – przypomina nam św. Paweł w pierwszym czytaniu. Nie dajcie się zastraszyć tym, którzy proponują grzech, jako drogę prowadzącą do szczęścia. „Toczycie tę samą walkę, jaką u mnie widzieliście" (Flp 1, 30) – dodaje Apostoł Narodów, a jest to walka z naszymi grzechami przeciw miłości, które mogą przybrać niejednokrotnie rozmiary niepokojące w życiu społecznym. Człowiek nigdy nie zazna szczęścia kosztem drugiego człowieka, niszcząc jego wolność, depcząc jego godność, hołdując egoizmowi. Naszym szczęściem jest człowiek dany nam i zadany przez Boga, a przez niego tym szczęściem jest sam Bóg. Bóg przez człowieka. Każdym bowiem „kto miłuje, narodził się z Boga i zna Boga, bo Bóg jest miłością" (1 J 4, 7–8). (...) Czy jest miejsce bardziej stosowne, gdzie by można o tym wszystkim mówić, jak nie tu,

w Gdańsku. W tym bowiem mieście przed dziewiętnastu laty narodziła się „Solidarność". Było to przełomowe wydarzenie w historii naszego narodu, ale także w dziejach Europy. „Solidarność" otworzyła bramy wolności w krajach zniewolonych systemem totalitarnym, zburzyła Mur Berliński i przyczyniła się do zjednoczenia Europy rozdzielonej od czasów II wojny światowej na dwa bloki. Nie wolno nam nigdy tego zatrzeć w pamięci. To wydarzenie należy do naszego dziedzictwa narodowego. Słyszałem wtedy w Gdańsku od was: „Nie ma wolności bez solidarności." Dzisiaj wypada powiedzieć: „Nie ma solidarności bez miłości." Więcej, nie ma przyszłości człowieka i narodu bez miłości, bez tej miłości, która przebacza, choć nie zapomina, która jest wrażliwa na niedolę innych, która nie szuka swego, ale pragnie dobra dla drugich; tej miłości, która służy, zapomina o sobie i gotowa jest do wspaniałomyślnego dawania. Jesteśmy wezwani, drodzy bracia i siostry, do budowania przyszłości opartej na miłości Boga i bliźniego. Do budowania „cywilizacji miłości". Dzisiaj potrzeba Polsce i światu ludzi mocnych sercem, którzy w pokorze służą i miłują, błogosławią, a nie złorzeczą, i błogosławieństwem ziemię zdobywają. Przyszłości nie da się zbudować bez odniesienia do źródła wszelkiej miłości, do tego źródła, jakim jest Bóg, Bóg, który „tak umiłował świat, że Syna swego Jednorodzonego dał, aby każdy, kto w Niego wierzy, nie zginął, ale miał życie wieczne" (J 3, 16).

SOPOT, 5 CZERWCA 1999

POLITYKA OFIARNĄ SŁUŻBĄ CZŁOWIEKOWI

Służba narodowi musi być zawsze ukierunkowana na dobro wspólne, które zabezpiecza dobro każdego obywatela. Sobór Watykański II

wypowiada się na ten temat bardzo jasno:
„Wspólnota polityczna istnieje (...) dla dobra
wspólnego, w którym znajduje ona pełne
uzasadnienie i sens i z którego bierze swoje
pierwotne i sobie właściwe prawo. Dobro zaś
wspólne obejmuje sumę tych warunków życia
społecznego, dzięki którym jednostki, rodziny
i zrzeszenia mogą pełniej i łatwiej osiągnąć swoją
własną doskonałość. (...) Porządek zatem
społeczny i jego rozwój winien być nastawiony
nieustannie na dobro osób, ponieważ od ich
porządku winien być uzależniony porządek
rzeczy, a nie na odwrót. (...) Porządek ów stale
trzeba rozwijać, opierać na prawdzie, budować
w sprawiedliwości, ożywiać miłością; w wolności
zaś powinno się odnajdywać coraz pełniej ludzką
równowagę” – to są cytaty z „Gaudium et spes”,
konstytucji Vaticanum II (n. 74. 26).
W polskiej tradycji nie brakuje wzorców życia
poświęconego całkowicie dobru wspólnemu
naszego narodu. Te przykłady odwagi i pokory,
wierności ideałom i poświęcenia wyzwalały
najpiękniejsze uczucia i postawy u wielu Polaków,
którzy bezinteresownie i z poświęceniem
ratowali Ojczyznę, gdy była ona poddawana
najcięższym próbom. Jest oczywiste,
że troska o dobro wspólne winna być realizowana
przez wszystkich obywateli i winna się
przejawiać we wszystkich sektorach życia
społecznego. W szczególny sposób ta troska
o dobro wspólne jest wymagana w dziedzinie
polityki. Mam tu na myśli tych, którzy oddają się
całkowicie działalności politycznej,
jak i poszczególnych obywateli. Wykonywanie
władzy politycznej, czy to we wspólnocie,
czy to w instytucjach reprezentujących państwo,
powinno być ofiarną służbą człowiekowi
i społeczeństwu, nie zaś szukaniem własnych
czy grupowych korzyści z pominięciem dobra
wspólnego całego narodu.

DO POLITYKÓW W POLSKIM PARLAMENCIE,
WARSZAWA, 11 CZERWCA 1999

OBY POLAKOM NIE ZABRAKŁO WYOBRAŹNI MIŁOSIERDZIA!

W obliczu współczesnych form ubóstwa,
których jak wiem nie brakuje w naszym kraju,
potrzebna jest dziś – jak to określiłem w liście
„Novo millennio ineunte” – „wyobraźnia
miłosierdzia” w duchu solidarności z bliźnimi,
dzięki której pomoc będzie „świadectwem
braterskiej wspólnoty dóbr” (por. n. 50).
Niech tej „wyobraźni” nie zabraknie
mieszkańcom Krakowa i całej naszej Ojczyzny.
Niech wyznacza duszpasterski program
Kościoła w Polsce. Niech orędzie o Bożym
miłosierdziu zawsze znajdzie odbicie
w dziełach miłosierdzia ludzi.
Trzeba spojrzenia miłości, aby dostrzec obok
siebie brata, który wraz z utratą pracy, dachu
nad głową, możliwości godnego utrzymania
rodziny, wykształcenia dzieci doznaje poczucia
opuszczenia, zagubienia i beznadziei.
Potrzeba „wyobraźni miłosierdzia”, aby przyjść
z pomocą dziecku zaniedbanemu duchowo
i materialnie; aby nie odwracać się od chłopca
czy dziewczyny, którzy zagubili się
w świecie różnorakich uzależnień
lub przestępstwa; aby nieść radę, pocieszenie,
duchowe i moralne wsparcie tym,
którzy podejmują wewnętrzną walkę ze złem.
Potrzeba tej wyobraźni miłosierdzia wszędzie
tam, gdzie ludzie w potrzebie wołają
do Ojca miłosierdzia: „Chleba naszego
powszedniego daj nam dzisiaj.”

KRAKÓW, 18 SIERPNIA 2002

PRZESŁANIE DO CHRZEŚCIJAN

SZUKAJCIE JEZUSA, KOCHAJCIE GO, DAWAJCIE O NIM ŚWIADECTWO!

Wpatrując się w was, myślę z drżeniem i ufnością o tym, co was czeka w życiu i o tym, czym będziecie w jutrzejszym świecie, i pragnę zostawić wam, jako wskazanie na drogę waszego życia, trzy myśli:
– szukajcie Jezusa,
– kochajcie Jezusa,
– dawajcie świadectwo Jezusowi (...)
Próżno jest narzekać na złe czasy. Jak pisał już św. Paweł, trzeba zwyciężać zło czyniąc dobro (Rz 12, 21). Świat poważa i szanuje odwagę idei i siłę cnoty. Bez obawy odrzucajcie słowa, gesty, postawy niezgodne z ideałami chrześcijańskimi. Bądźcie odważni w odrzucaniu tego, co niszczy waszą niewinność lub psuje świeżość waszej miłości dla Chrystusa. Szukać, kochać Jezusa, dawać o Nim świadectwo! Oto wasze zobowiązanie, oto wskazanie, jakie wam zostawiam! Czyniąc w ten sposób, nie tylko zachowacie w swoim życiu prawdziwą radość, lecz będziecie świadczyć dobrodziejstwo także całemu społeczeństwu, które potrzebuje nade wszystko spójności z orędziem ewangelicznym.

DO DZIECI I MŁODZIEŻY, WATYKAN, 8 LISTOPADA 1978

NIE WIERZCIE W PRZEMOC!

Wam wszystkim, którzy mnie słuchacie, mówię: nie wierzcie w przemoc, nie popierajcie przemocy. To nie jest droga chrześcijańska. To nie jest droga Kościoła katolickiego. Wierzcie w pokój, w przebaczenie i w miłość; one istotnie należą do Chrystusa.

DROGHEDA, IRLANDIA, 29 WRZEŚNIA 1979

W CHRYSTUSIE ODKRYWAJCIE PRAWDZIWĄ WIELKOŚĆ CZŁOWIECZEŃSTWA

Tak, Droga Młodzieży, nie zamykajcie swoich oczu na słabość moralną, która dzisiaj zastawia sidła na wasze społeczeństwo i od której nie możecie uchronić się sami. Jakże wielu młodych wypaczyło już swoje sumienia i prawdziwą radość życia zastąpiło narkozą, seksem, alkoholem, wandalizmem i pustym mirażem dóbr czysto materialnych. Potrzeba natomiast czegoś innego: czegoś, co znajdziecie tylko w Chrystusie, ponieważ tylko On jest miarą i skalą, którą powinniście stosować do oceny waszego życia. W Chrystusie odkryjecie prawdziwą wielkość człowieczeństwa; On sprawi, że zrozumiecie swoją godność jako istot ludzkich „stworzonych na obraz i podobieństwo Boże" (por. Rdz. 1, 26). Chrystus posiada odpowiedź na wasze problemy i klucz do historii. On ma moc podnosić serca. On was wzywa, zaprasza, On, który jest „drogą, prawdą, życiem" (J 14, 6). Tak, Chrystus was wzywa, ale wzywa do prawdy. Jego wezwanie jest wymagające, ponieważ zaprasza was, abyście pozwolili Mu „porwać" się całkowicie, tak by egzystencja was wszystkich była widziana w innym świetle. On jest Synem Bożym, który wam objawia pełne miłości oblicze Ojca. Jest Nauczycielem, jedynym, który naucza z autorytetem. Jest Przyjacielem, który mówi do swoich uczniów: „Już was nie nazywam sługami... ale nazwałem was przyjaciółmi" (J 15, 15). I dał dowód swojej przyjaźni, oddając życie za was. Jego wezwanie jest wymagające, ponieważ On nas nauczył, co znaczy być naprawdę człowiekiem. Jeżeli nie zwraca się uwagi na wezwanie Jezusa, nie jest możliwe urzeczywistnienie pełni waszego człowieczeństwa. Powinniście budować na fundamencie, którym jest Chrystus (por. 1 Kor 3, 11); tylko z Nim wasze życie będzie miało znaczenie i będzie godne, aby w nim trwać.

DO MŁODZIEŻY, GALWAY, IRLANDIA, 30 WRZEŚNIA 1979

PROPONUJĘ WAM WYBÓR MIŁOŚCI

...do każdego z was mówię: słuchajcie wezwania Chrystusa, kiedy słyszycie, że mówi do was: „Chodź za Mną!", pójdź moimi śladami! Stań przy mnie! Trwaj w mojej miłości! Jest to wybór, którego trzeba dokonać: wybór Chrystusa i Jego wzoru życia, Jego przykazania miłości. Orędzie miłości przyniesione przez Chrystusa jest zawsze ważne, zawsze ciekawe. Nietrudno jest dostrzec, jak świat dzisiejszy, mimo swego piękna i wielkości, mimo zdobyczy nauki i technologii, mimo wykwintnych i obfitych dóbr materialnych, jakie nastręcza, pragnie więcej prawdy, więcej miłości, więcej radości. A to wszystko znajduje się w Chrystusie i w Jego modelu życia.

Czy może mylę się, kiedy wam mówię, młodzi katolicy, że do waszego zadania w świecie i w Kościele należy ukazywanie prawdziwego znaczenia życia tam, gdzie nienawiść, niedbalstwo lub egoizm grożą spaczeniem świata? Wobec tych problemów i tych rozczarowań, wielu będzie próbowało uciec od własnej odpowiedzialności, chroniąc się w egoizmie, w przyjemnościach seksualnych, w narkotykach, w przemocy, w obojętności i cynizmie. Ale dzisiaj proponuję wam wybór miłości, która jest przeciwieństwem ucieczki. Jeśli rzeczywiście przyjmiecie tę miłość, która pochodzi od Chrystusa, ona zaprowadzi was do Boga. Może stanie się to przez wybór kapłaństwa lub życia zakonnego, może w jakiejś specjalnej służbie świadczonej waszym braciom i siostrom, w szczególności potrzebującym, ubogim, samotnym, wyłączonym ze społeczeństwa, tym, których prawa zostały podeptane, tym, o których podstawowe potrzeby nie zatroszczono się. Cokolwiek będziecie czynili w swoim życiu, czyńcie tak, aby to było odblaskiem miłości Chrystusa. Cały lud Boży zostanie wzbogacony przez różnorodność waszych świadczeń. We wszystkim, co czynicie, pamiętajcie, że Chrystus was wzywa, w taki lub inny sposób, do służby miłości: miłości Boga i bliźniego.

BOSTON, USA, 1 PAŹDZIERNIKA 1979

MIEJCIE JEZUSA W SWOICH SERCACH

Konieczny jest osobisty wysiłek i uczciwa współpraca wszystkich dla znalezienia właściwych rozwiązań, aby wszyscy mężczyźni, kobiety i dzieci, mogli żyć zgodnie i w pełni rozwijać swoje możliwości, i nie cierpieli z powodu braku wykształcenia, domu, pracy i stosownych warunków kulturalnych. Ale jeżeli miasto ma stać się prawdziwym miejscem stałego zamieszkania dla ludzi, potrzebna jest mu dusza. Do was, ludzi, należy dać mu tę duszę. W jaki sposób? Miłując się wzajemnie. W Ewangelii Jezus mówi nam: „Będziesz miłował swego bliźniego jak siebie samego" (Mt 22, 39). To przykazanie Pańskie winno być dla was natchnieniem w ustalaniu prawdziwych relacji ludzkich między sobą, tak by nikt nie czuł się osamotniony lub niechciany, tym mniej odrzucony, wzgardzony i znienawidzony. Sam Jezus da wam siłę braterskiej miłości. Wtedy też każde sąsiedztwo, każde osiedle, każda ulica staną się prawdziwą wspólnotą, ponieważ wy będziecie chcieli, aby tak było, i ponieważ Jezus Chrystus będzie wam pomagał w urzeczywistnieniu tego. Miejcie Jezusa Chrystusa w swoich sercach, a będziecie rozpoznawać Jego oblicze w każdym człowieku. Będziecie wtedy chcieli spieszyć z pomocą w każdej jego potrzebie: w potrzebie waszych braci i waszych sióstr. Jest to sposób przygotowania się na spotkanie z Jezusem, gdy ponownie przyjdzie, w dniu ostatecznym,

jako Sędzia żywych i umarłych i powie nam:
„Pójdźcie, błogosławieni Ojca mojego, weźcie
w posiadanie królestwo, przygotowane wam
od założenia świata! Bo byłem głodny, a daliście
Mi jeść; byłem spragniony, a daliście Mi pić;
byłem przybyszem, a przyjęliście Mnie;
byłem nagi, a przyodzialiście Mnie;
byłem chory, a odwiedziliście Mnie;
byłem w więzieniu, a przyszliście do Mnie...
Zaprawdę powiadam wam: Wszystko,
co uczyniliście jednemu z tych braci moich
najmniejszych, Mnieście uczynili” (Mt 34–36. 40).

Nowy Jork, 3 października 1979

Przezwyciężajcie podział między Bogiem a człowiekiem

Dawajcie świadectwo prawdzie. Szukajcie jej
w waszych studiach oraz w tej dyscyplinie,
którą one wam narzucają. Oby to wszystko
przyczyniało się do waszego możliwie
najpełniejszego rozwoju intelektualnego,
abyście sobie mogli zdać sprawę ze złożoności
bytu nie tylko fizycznego, ale i złożoności całego
człowieka, abyście posiedli zdolność oraz wolę
niezatrzymywania się na sprawach błahych.
Starajcie się zgłębiać także, o czym zaraz będę
mówił, waszą tożsamość jako młodych
intelektualistów katolickich. Jednym spośród
zadań stojących przed wami jest
przezwyciężanie, w myśli i działaniu, tego
podziału – jaki został narzucony przez różne
prądy myślowe, dawne i nowe – pomiędzy
Bogiem i człowiekiem, pomiędzy teocentryzmem
a antropocentryzmem. Im bardziej wasza
działalność, jak i działalność Kościoła, zamierza się
koncentrować na człowieku, tym bardziej
powinna szukać swego oparcia w Bogu, to
znaczy, powinna się kierować przez Jezusa
Chrystusa ku Ojcu. Zakłada to, Drodzy
Przyjaciele, konieczność podporządkowania się
nauczycielskiemu urzędowi Kościoła. Przez waszą
wierność całej prawdzie będziecie zabezpieczeni
przed pokusami ulegania czystej ideologii
i agitacji, przed upraszczającymi sloganami, przed
hasłami wzywającymi do gwałtu, który wszystko
niszczy, a niczego nie buduje. Oto niektóre
zasady, jakie chciałem wam przypomnieć,
aby mogły one być dla was przewodnikami
w waszym dążeniu do pogłębiania życia
i działalności. Trzymając się tych zasad, będziecie
niestrudzenie głosić Ewangelię waszym kolegom
i będziecie mogli się przyczynić do zakładania
żywotnych wspólnot chrześcijańskich w waszym
środowisku; wtedy wzrośnie także i udział
młodzieży w waszych ruchach. Przyczynicie się
w ten sposób także do uaktywnienia poczucia
wspólnoty kościelnej, przy ścisłym
współdziałaniu z waszymi duszpasterzami
i przy zachowaniu otwarcia na współdziałanie
z innymi katolickimi ruchami w ramach
wspólnot parafialnych i diecezjalnych, które są
bardzo ważne dla życia Kościoła. Już teraz,
a bardziej jeszcze, gdy już wejdziecie
w odpowiedzialne życie zawodowe, będziecie się
stawać chrześcijanami zdolnymi do wnoszenia
oryginalnego wkładu w ewangelizację kultury
waszych krajów, w służbie pełnego rozwoju
materialnego i duchowego wszystkich ludzi.

Watykan, 16 stycznia 1981

Czuwajcie i módlcie się!

Moi bracia i siostry! Nie dziwcie się, jeśli czasem
najcenniejsze nawet inicjatywy idą w parze
z ludzką słabością i napotykają na opór ze strony
innych ludzi. Czujność jest zawsze warunkiem
chrześcijańskiej wolności – czujność wyrażana

przede wszystkim w modlitwie. Jezus powiedział swoim uczniom: „Czuwajcie i módlcie się, abyście nie ulegli pokusie" (Mt 26, 41). Mogą się ujawnić pokusy ideologiczne i powstać podziały, lecz łaska Chrystusa wam wystarczy – łaska Chrystusa wzywająca do jedności i braterskiej miłości. Łaska Chrystusa przekształcająca was w ludzi nadziei. Jezus Chrystus szczerze wezwał was do udziału w Jego misji zbawienia i w budowaniu wspólnoty Jego Kościoła. Jednocześnie przygotowuje On nas na chrześcijański wysiłek i zwycięstwo: „Na świecie doznacie ucisku, ale miejcie odwagę: Jam zwyciężył świat" (J 16, 33). W zwyciężaniu świata we wszystkim, co jest grzeszne i zepsute, bądźcie zarazem zdolni, by w jedności z Chrystusem ofiarować Ojcu, ku czci Trójcy Przenajświętszej, chwałę tworzenia. Jako ludzie świeccy w świecie, możecie – występując w roli kościelnej – spełnić wyjątkową misję w kościelnym dialogu zbawienia. Możecie ukazać światu nie tylko posłanie Chrystusa, ale również konkretne zastosowanie tego posłania w waszym życiu, przyjaźnią, służbą i miłością wspierając ducha dialogu. Moi Drodzy Bracia i Siostry! Oto wasza godność i wasza siła: pozostać zjednoczonym z Chrystusem, uczestnicząc w Jego misji zbawienia, propagując Jego sprawę, budując Jego królestwo prawdy i życia, świętości i łaski, sprawiedliwości, miłości i pokoju. Czyńcie to dzień w dzień, tydzień za tygodniem, w zwyczajnym, ale niezwykle ważnym środowisku, w jakim przebiega wasze codzienne życie chrześcijańskie.

WATYKAN, 20 LUTEGO 1981

NIECH WASZE LATA BĘDĄ PEŁNE TREŚCI

Dlatego chciałbym wam polecić: przeżywajcie z zaangażowaniem i z radością te wasze lata, aby nie były puste, ale pełne treści; przeżywajcie je na nauce, na modlitwie, na pogłębianiu waszej wiary chrześcijańskiej, a także na ćwiczeniach fizycznych dla pielęgnowania zdrowia. Tylko w ten sposób mogą one stanowić cenną i owocną rezerwę dla przyszłych lat.

WATYKAN, 1 KWIETNIA 1981

Z ODWAGĄ BUDUJCIE PARAFIĘ

Moją zachętą jest, abyście w dalszym ciągu z odwagą budowali gmach waszej parafii na miłości Boga i braci, na poszanowaniu prawa moralnego i na życiu łaski. A jest to możliwe jedynie przy pomocy dokładnej i delikatnej formacji sumień, przy pomocy katechizmów, lekcji religii dla poszczególnych kategorii, studiowania Ewangelii w różnych grupach, kierownictwa duchowego, częstej i dobrze przeprowadzonej spowiedzi, specjalnej troski o młode rodziny. Społeczeństwo nowoczesne, tak wykształcone i problematyczne, potrzebuje chrześcijan oświeconych, którzy potrafią żyć oraz świadczyć konkretnie i zawsze o swojej miłości dla Chrystusa i braci.

RZYM, 25 PAŹDZIERNIKA 1981

BĄDŹCIE JEDNO

Chciałbym pozostawić wam polecenie, które jest ostatnim poleceniem Jezusa, tak często powtarzanym przez Apostołów Piotra i Pawła: Bądźcie jedno! Wewnątrz i na zewnątrz bądźcie czujni w tym względzie. O tak, niech jedność wiary i miłości zwycięża zawsze różnorodność metod, pretensje, które mogą pojawić się między chrześcijanami, zazdrość i duch sekciarstwa rujnującego Kościół! Zapamiętajcie, że Kościół

zaznał od początku swojej historii aż po dzień
dzisiejszy wszelkiego typu trudności i prób i że
podziały wcale nie były najmniejszą pośród nich.
Dopuszczenie, by niepostrzeżenie weszły
pomiędzy chrześcijan fermenty nieufności
i opozycji, jest zawsze rzeczą fatalną dla wspólnot
chrześcijańskich, które szybko odczuwają
osłabienie i zadane im w ten sposób rany. Raczej
w pokoju i bez nienawiści dawajcie świadectwo
braterskiej solidarności. Tak będziecie jedno
między sobą, jedno wokół waszych biskupów,
jedno z następcą Piotra – poręczycielem wierności
i jedności. Na koniec zachęcam katolików, ażeby
podtrzymywali dobre stosunki z tymi, którzy
podzielają z nami wiarę w Chrystusa.

Cotonou, Benin, 17 lutego 1982

Spoglądając w przeszłość, myślcie o przyszłości

Moi drodzy przyjaciele. Wiem na podstawie
mojego doświadczenia jako profesora
uniwersytetu, że lubicie konkretne syntezy.
Bardzo prosta jest synteza, program tego,
co wam powiedziałem: zawiera się w „nie" i „tak":
nie – egoizmowi;
nie – niesprawiedliwości;
nie – rozkoszy bez reguł moralnych;
nie – rozpaczy;
nie – drogom bez Boga;
nie – nieodpowiedzialności i przeciętności.
Tak – Bogu, Jezusowi Chrystusowi, Kościołowi;
tak – wierze i obowiązkom, jakie ona nakłada;
tak – poszanowaniu godności, wolności i praw
osoby;
tak – wysiłkom na rzecz wyniesienia człowieka
i podniesienia go ku Bogu;
tak – sprawiedliwości, miłości, pokojowi;
tak – solidarności ze wszystkimi, szczególnie

z najbardziej potrzebującymi;
tak – nadziei;
tak – waszemu obowiązkowi budowania
lepszego społeczeństwa.
Pamiętajcie, że aby żyć teraźniejszością, trzeba
spoglądać w przeszłość, a przezwyciężając ją,
myśleć o przyszłości.

Do młodzieży, San José, Kostaryka, 3 marca 1983

Pomóżcie budować nowe społeczeństwo

Pomóżcie budować społeczeństwo nowe,
w którym życie ludzkie byłoby szanowane,
chronione, otaczane opieką od chwili poczęcia
i na wszystkich dalszych etapach!
Niech zostanie wysłuchany jęk tylu
niewinnych istot przedwcześnie zgładzonych!
Pomóżcie budować społeczeństwo nowe,
w którym dzieci i biedni nie umieraliby dosłownie
z głodu, w czasie, gdy syte narody haniebnie
wyrzucają resztki swych wystawnych uczt!
Pomóżcie budować nowe społeczeństwo,
w którym pieniądze publiczne nie szłyby na
wyścig zbrojeń, abe byłyby przeznaczone na
postęp społeczny i na dobrobyt obywateli,
ich zdrowie i oświatę! Pomóżcie budować
nowe społeczeństwo, w którym autentycznie
akceptowano by i szanowano pluralizm idei
światopoglądów, tak aby ten, kto dysponuje siłą,
nie czuł się uprawniony do jawnego usuwania
lub eliminowania skrycie wszystkich tych,
którzy nie podporządkowali się ideologii władzy!
Pomóżcie budować nowe społeczeństwo, którego
stałe i uporządkowane przeobrażenia nie
spoczywałyby w rękach utopijnego terroryzmu
i sięgającej po przemoc rewolucji: przemoc
– czy to psychiczna, czy fizyczna – rodzi tylko
rozdarcia, śmierć, żałobę, łzy!

Pomóżcie budować społeczeństwo nowe,
w którym wasi rówieśnicy nie musieliby
szukać iluzji szczęścia w narkotykach;
narkotyki zabijają młodość i jej ideały!
Pomóżcie budować społeczeństwo nowe,
w którym również ci, którzy zgodnie
z nieubłaganymi prawami współczesnej ekonomii
konsumistycznej znaleźli się już poza światem
produkcji i konsumpcji, cieszyliby się szacunkiem
i ochroną prawną, na miarę godności
osoby ludzkiej!
Pomóżcie budować społeczeństwo nowe,
w którym rozkwitałaby i urzeczywistniała się
sprawiedliwość, prawda, miłość, solidarność,
służba drugim!
W świecie, który zdaje się powoli ulegać pokusie
indyferentyzmu, nihilizmu, materializmu
teoretycznego i praktycznego, rozpaczy,
wy młodzi musicie stać się głosicielami,
wykonawcami i świadkami chrześcijańskiej
nadziei, bez obaw, bez niepokojów, wielbiąc Pana,
Chrystusa w naszych sercach – jak zaleca
św. Piotr – zawsze gotowi odpowiedzieć
każdemu, kto domaga się od was uzasadnienia tej
nadziei, która w was jest (por. 1 P 3, 14 n.).
W ten sposób życie wasze będzie naprawdę
komunią z Chrystusem i komunią z braćmi.

DO MŁODZIEŻY, MONZA, WŁOCHY, 21 MAJA 1983

KTO SIĘ UNIŻA, BĘDZIE WYWYŻSZONY

Oto więc, drodzy Bracia i Siostry, taka jest moja
zachęta: nie przestawajcie nigdy pogłębiać i coraz
bardziej wysubtelniać wrażliwości sumienia
w rozumieniu wymogów woli Bożej w waszym
życiu: woli oczyszczenia, nawrócenia, uświęcenia.
Tak będziecie kroczyć naprawdę szybko drogą
Ewangelii i coraz bardziej doznawać miłosierdzia
Pańskiego. Im bardziej bowiem umiemy odkrywać

nasze potrzeby i nasze nędze duchowe
i pokładamy ufność w Bogu, tym więcej udziela
nam On swego przebaczenia i napełnia nas swoją
siłą i swoimi pociechami. Kto się uniża – jak
mówi Jezus – będzie wywyższony. Im bardziej
w świetle kryteriów, których dostarcza słowo
Boże, będziemy umieli osądzać swoją duszę
jasnym i obiektywnym okiem, tym bardziej
będziemy mogli być pewni naszej miłości
ku Panu i Jego miłości ku nam.

WATYKAN, 11 LUTEGO 1984

TRWAJCIE MOCNI NA SKALE WIARY!

Nie traćcie autentycznego sensu dobra i zła.
Prawo Boże stanowi podstawę wszelkiej
prawdziwej sprawiedliwości, i tylko
uwzględniając je, możliwe jest tworzyć modele
społeczne odpowiadające godności ludzkiej.
Kiedy się zaciemnia światło normy moralnej,
człowiekowi brak gwiazdy polarnej, według której
mógłby ukierunkować swoje postępowanie
w życiu, i kończy na urządzaniu ziemi przeciw
sobie samemu. Zachowujcie i rozwijajcie ogromną
wartość rodziny, rdzenia społeczeństwa
i struktury nośnej tej „cywilizacji miłości",
którą żarliwie głosił Papież Paweł VI. Kiedy
zrywa się podstawową więź rodziny, również
społeczeństwo pędzi nieodwracalnie ku przepaści
swojego rozpadu. Trwajcie mocni na skale wiary,
a będziecie w stanie ofiarować innym, także
pozornie lepiej sytuowanym, skarby serca i ducha,
które w końcu są najprawdziwszymi skarbami
człowieka. Kościół w przeszłości, w chwilach
radości i w chwilach cierpienia, pozostawał
zawsze u waszego boku, dzieląc powodzenia
i niepowodzenia ze szczerym w nich
uczestnictwem. Jest on dotąd wam bliski i także
dzisiaj angażuje się w pomaganiu wam, aby

pragnienie dobrobytu i postępu w sprawiedliwości i w pokoju urzeczywistniało się, dzięki zgodnemu i czynnemu wkładowi wszystkich sił społecznych. Nabierzcie więc ducha i miejcie ufność. Papież jest z wami! Z wami jest Chrystus, Światło świata i Odkupiciel człowieka. Z wami jest Najświętsza Maryja Panna, której ta wasza ziemia dawała w ciągu wieków wymowne świadectwa szczerej i głębokiej czci, i którą w tym miesiącu październiku wielbicie w szczególny sposób modlitwą różańcową. Z wami są święci, którzy zaszczycili te miejsca, zapewniając im podziw i miłość całego świata. Z wami są wasi przodkowie, którzy w pokoju Bożym zbierają owoc ofiar poniesionych w pełnieniu obowiązków. Wsparci tymi pewnościami, idźcie z odważną nadzieją ku waszemu jutru. Będzie to jutro lepsze.

LAMEZIA TERME, WŁOCHY, 5 PAŹDZIERNIKA 1984

UMIEJCIE MÓWIĆ: „NIE"

Bóg pragnie, byście wzrastali w tym, co ludzkie, oraz w tym, co duchowe. Dlatego winniście się trzymać wyraźnych zasad postępowania. Nie wahajcie się powiedzieć „nie" wyzyskowi – skądkolwiek przychodzi, który zmierza do przekształcenia was w przedmioty; „nie" wobec „kacykostwa", którego celem jest, gdy zajdzie tego potrzeba, posługiwanie się wami jak uległą klientelą. Powiedzcie „nie" przemocy, która niczego nie buduje; „nie" chuligaństwu, prostytucji, pornografii, narkomanii, alkoholizmowi. Unikajcie zmysłowości i rozwiązłości; pamiętajcie, że jedynie monogamiczna rodzina i odpowiedzialne, zgodne z normami Kościoła rodzicielstwo mogą stanowić spoiwo uporządkowanego społeczeństwa. Nie zapominajcie o starych tradycjach surowości zasad, o religijności, pracowitości waszych

rodzinnych domów. Niech Bóg będzie obecny w waszym życiu. Wychowujcie po chrześcijańsku wasze dzieci. Odrzućcie indyferentyzm religijny, a także skrajne ideologie, które głoszą nienawiść, zemstę i ateizm lub też, patrząc pod innym kątem, oddają się w służbę despotyzmów, żądzy władzy i pieniądza.

GUASMO, EKWADOR, 1 LUTEGO 1985

NIE DAJCIE SIĘ ZWIEŚĆ

Przyjaciele, mówię wam, nie lękajcie się tego świata! Zaufajcie Chrystusowi, Przyjacielowi waszych młodych lat, pozostańcie bliscy w modlitwie. Tak, poświęcajcie czas na modlitwę, na wspólne rozważanie Biblii, na udział w niedzielnej Eucharystii. Pogłębiajcie swą wiarę na miarę waszej kultury i bądźcie przekonani, że nie istnieje przeciwstawienie między wiarą i nauką. Nie dajcie się zwieść pierwszej lepszej doktrynie intelektualnej. Zaufajcie Kościołowi: mimo swych niedoskonałości, przekazuje on Orędzie Chrystusa i Jego sakramenty w sposób pewny. Jak mówi wasze przysłowie: „Nie odpychaj pirogi, która cię przewiozła na drugi brzeg". Kościół nie jest powstałą niedawno sektą, jest wielkim prądem życia, który przychodzi od Chrystusa poprzez Apostołów. I ośmielam się powiedzieć: nie poprzestawajcie na braniu. Nie pozostawajcie na skraju drogi. To wy jesteście Kościołem. Budujcie go w swym środowisku wraz z waszymi księżmi, z waszymi kapelanami, z chrześcijańskimi nauczycielami, z organizacjami katolickimi. Teraz wy z kolei bądźcie apostołami dla nowego świata.

DO MŁODZIEŻY, DOUALA, KAMERUN, 13 SIERPNIA 1985

WIARA POTRZEBUJE WYRZECZEŃ

Bez silnej wiary jesteście pozbawieni oparcia,
zdani na zmieniające się aktualne doktryny.
Niewątpliwie także dzisiaj istnieją środowiska,
w których już nie przyjmuje się słusznej nauki,
gdzie wedle własnego upodobania szuka się
mistrzów ciągle nowych, schlebiających uszom,
jak to dawno przepowiedział św. Paweł.
Nie dajcie się zwieść. Nie pozwólcie oszukiwać się
prorokom egoizmu, fałszywie rozumianego
samourzeczywistnienia, teorii doczesnego
zbawienia, którzy chcą zbudować świat bez Boga.
Ażeby móc powiedzieć: wierzę – ja wierzę,
potrzebna jest gotowość do wyrzeczeń,
do poświęcenia siebie samego; potrzebna jest
wspaniałomyślność serca. Przed tym, kto ma taką
odwagę, rozstępują się ciemności. Ten, kto wierzy,
znalazł już światło, które wskaże mu pewną
drogę. Ten, kto wierzy, zna kierunek,
jest zorientowany. Kto wierzy, odnalazł sens
i właściwą drogę, i żadne niedorzeczne nauki
fałszywych mistrzów nie potrafią go już
sprowadzić na manowce. Kto wierzy,
ma mocny punkt oparcia i wie, jak przeżyć życie
w sposób godny człowieka i miły Bogu.
Kto wierzy, potrafi także swoje życie świadomie
zamknąć, zaakceptować wolę Boga,
kiedy On wezwie go do siebie.

MÜNSTER, NIEMCY, 1 MAJA 1987

CHRYSTUS NA WAS LICZY

Chłopcy i dziewczęta, którzy mnie słuchacie,
waszym zadaniem jest głoszenie – poprzez
własne świadectwo i przykład – nowego życia,
które zmartwychwstały Chrystus przyniósł
światu. To właśnie winno być waszą chlubą
i waszą ambicją: spełnianie pośród rówieśników
roli świadków ludzkości odkupionej krwią
Chrystusa, ludzkości idącej ziemskimi drogami
ku ziemi obiecanej, ku niebu. Bądźcie ludźmi,
w których bije serce nowe. Serce wolne
i szlachetne, wrażliwe na trwałe wartości,
takie jak uczciwość, czystość, ofiarność
i wierność; serce pełne synowskiej wdzięczności
wobec Ojca, i po bratersku otwarte na potrzeby
braci. A jeśli ktoś z was usłyszy głos Chrystusa,
który wzywa do złożenia pełnego daru z siebie
w posłudze kapłańskiej lub w życiu zakonnym,
niechaj nie odrzuca możliwości tak wzniosłego,
choć wymagającego wyboru. Droga młodzieży,
Chrystus na was liczy! Przyjmijcie Jego
wezwanie, odpowiedzialnie podejmijcie
przypadające wam zadanie. Uczyńcie to
natychmiast. Nie odkładajcie na jutro tego,
co możecie uczynić dziś. Nauczcie się odmieniać
w czasie teraźniejszym czasowniki nadające treść
waszemu zaangażowaniu, bo tylko w ten sposób
można poważnie uczestniczyć w budowaniu
lepszej przyszłości. Istnieją tysiące rzeczy,
które możecie uczynić – jako jednostki
i jako grupy – dla przybliżenia waszym
środowiskom ideału współżycia godnego
członków jednej rodziny Bożej. Nie lekceważcie
tego rodzaju gestów, nawet najdrobniejszych.
Starajcie się przede wszystkim przygotować
do życia w rodzinie. Ona jest kolebką przyszłości.
Trzeba zapewnić jej ciepło miłości, aby życie,
które w niej rozkwitnie, mogło się spokojnie
rozwijać. Nie jest łatwo kochać. Wymaga to
dojrzałości uczuć, samozaparcia, autokontroli,
gotowości do wyrzeczeń i ofiar. Miłości trzeba się
uczyć. Ta nauka trwa bardzo długo, wymaga lat.
Waszych młodych lat. W Liście, który niegdyś
do was skierowałem, jest napisane:
„Wejść na drogę powołania małżeńskiego
– to znaczy uczyć się miłości małżeńskiej z dnia
na dzień, z roku na rok". Tylko ta miłość, która
wzrasta na gruncie opanowania siebie samego jest
w stanie stawić czoło wszystkim niewiadomym
przyszłego życia. Nie trwońcie tych cennych lat

ulegając złudnym pokusom konsumizmu. Mentalność konsumpcyjna może skazić także miłość i w rezultacie prowadzić do tego, że w drugiej osobie widzi się tylko przedmiot własnego egoizmu, owej subtelnej trucizny, która uśmierca miłość. Nie mylcie przedwczesnych doświadczeń uczuciowych z radością pełnego oddania w kontekście miłości, która umie podjąć bez zastrzeżeń odpowiedzialność za dobro drugiej osoby.

DO MŁODZIEŻY, WATYKAN, 13 MARCA 1989

NIE ULEGAJCIE POKUSOM KORUPCJI

Bądźcie czujni, nie ulegajcie pokusom korupcji i nadużywania władzy oraz bogactw. Po chrześcijańsku zawsze przeciwstawiajcie się wszystkiemu, co przynosi uszczerbek prawom i dobrom niezbędnym dla chronienia godności wszystkich waszych braci. Niezłomnie brońcie zasady, że „osobowa godność jest niezniszczalną własnością każdej ludzkiej istoty", toteż jednostki absolutnie nie można sprowadzać do tego, co mogłoby ją zmiażdżyć i unicestwić w anonimowości kolektywu, instytucji, struktury czy systemu.

BISSAU, GWINEA-BISSAU, 27 STYCZNIA 1990

STAWAJCIE W OBRONIE ŻYCIA

I wy także, podobnie jak Maryja, powinniście bez obawy pozwolić, aby Duch Święty pomógł wam stać się serdecznymi przyjaciółmi Chrystusa. Tak jak Maryja musicie odrzucić wszelki lęk, aby wprowadzić Chrystusa w świat przez wszystko, co czynicie – przez małżeństwo i życie samotne, jako studenci, ludzie pracy i inteligencja. Chrystus

chce przez was dotrzeć do wielu miejsc na świecie i wejść do wielu serc. Tak jak Maryja nawiedziła Elżbietę, tak i wy jesteście powołani, aby „nawiedzać" i zaspokajać potrzeby ubogich, głodnych, bezdomnych, samotnych i chorych, na przykład cierpiących na AIDS. Jesteście powołani, aby stanąć w obronie życia! Aby szanować tajemnicę życia i bronić go zawsze i wszędzie, także życia nie narodzonych dzieci, a zarazem okazywać realną pomoc i nieść otuchę matkom, które zmagają się z trudnościami. Jesteście powołani, aby modlić się i działać przeciw aborcji, przeciw wszelkim formom przemocy, w tym także przeciw deptaniu godności kobiet i dzieci przez pornografię. Stańcie w obronie życia ludzi starszych i niepełnosprawnych, przeciw próbom upowszechniania „wspomaganego samobójstwa" i eutanazji! Stańcie w obronie małżeństwa i życia rodzinnego! Stańcie w obronie czystości! Nie ulegajcie naciskom i pokusom świata, który zbyt często próbuje lekceważyć najbardziej podstawową prawdę: że każde życie jest darem Boga Stwórcy i że musimy zdać sprawę przed Stwórcą z tego, czy użyliśmy go dla dobrych, czy dla złych celów.

NOWY JORK, 7 PAŹDZIERNIKA 1996

PRZEBACZ, A ZAZNASZ POKOJU!

Zwracam się przede wszystkim do was, moi bracia *biskupi i kapłani*: bądźcie świadkami miłosiernej miłości Boga nie tylko we wspólnocie kościelnej, ale także w społeczności cywilnej, zwłaszcza tam, gdzie nacjonalizm i podziały etniczne są przyczyną zaciekłych konfliktów. Mimo cierpień, jakie być może będziecie musieli znosić, nie pozwólcie, aby nienawiść przeniknęła do waszych serc, ale głoście z radością Ewangelię Chrystusa, rozdając Boże przebaczenie w sakramencie pojednania.

Was, *rodzice*, którzy jako pierwsi kształtujecie wiarę swoich dzieci, proszę, abyście pomogli im dostrzegać braci i siostry we wszystkich ludziach, nie żywić przesądów wobec bliźnich, ale okazywać im zaufanie i akceptację. Bądźcie dla waszych dzieci obrazem Bożej miłości i przebaczenia, starając się ze wszystkich sił budować rodzinę zjednoczoną i solidarną. Wy, *wychowawcy*, powołani, aby wpajać młodym autentyczne wartości życia, zapoznając ich ze złożonością ludzkiej historii i kultury, pomagajcie im kierować się w każdej dziedzinie życia cnotami tolerancji, zrozumienia i szacunku, stawiając im za wzór tych, którzy byli budowniczymi pokoju i pojednania. Wy, *młodzi*, którzy nosicie w sercach wielkie aspiracje, uczcie się żyć ze sobą nawzajem w pokoju i nie wznosić barier uniemożliwiających czerpanie z bogactwa innych kultur i tradycji. Na przemoc odpowiadajcie dziełami pokoju, aby budować świat ludzi pojednanych, bogaty w wartości człowieczeństwa. Wy, *politycy*, powołani do służby wspólnemu dobru, nie pozostawiajcie nikogo poza kręgiem waszych trosk, ale dbajcie szczególnie o najsłabszych członków społeczeństwa. Nie stawiajcie na pierwszym miejscu osobistych korzyści, ulegając pokusie korupcji, a nade wszystko rozstrzygajcie najtrudniejsze nawet problemy na drodze pokoju i pojednania. Was, *pracowników środków społecznego przekazu*, proszę, byście pamiętali o wielkiej odpowiedzialności, jaka wiąże się z waszym zawodem, i nie rozpowszechniali haseł przepojonych nienawiścią, przemocą i fałszem. Miejcie zawsze na celu dobro osoby, której winny służyć potężne środki społecznego przekazu. Do was wszystkich, *którzy wierzycie w Chrystusa*, kieruję na koniec wezwanie, byście szli wiernie drogą przebaczenia i pojednania, łącząc się z Nim w modlitwie do Ojca, aby wszyscy byli jedno (por. J 17, 21). Zachęcam was też, byście tę

nieustanną modlitwę o pokój potwierdzali gestami braterstwa i wzajemnej akceptacji. Każdemu człowiekowi dobrej woli, pragnącemu budować niestrudzenie nową cywilizację miłości, powtarzam: przebacz, a zaznasz pokoju!

Orędzie na XXX Światowy Dzień Pokoju,
Watykan, 8 grudnia 1996

KOCHAJCIE GO W TWARZACH BRACI

Drodzy młodzi! Idźcie z radością na spotkanie Chrystusa, który uwesela waszą młodość. Szukajcie Go i spotykajcie Go, obcując z Jego słowem i z Jego tajemniczą obecnością w Kościele i w sakramentach. Dochowujcie w życiu wierności Jego Ewangelii, która stawia co prawda wielkie wymagania, a czasem żąda wręcz ofiary, ale zarazem jest jedynym źródłem nadziei i prawdziwego szczęścia. Kochajcie Go w twarzach braci, którzy potrzebują sprawiedliwości, pomocy, przyjaźni i miłości. Na progu nowego tysiąclecia nadchodzi dzisiaj wasza godzina. Świat współczesny otwiera przed wami nowe drogi i wzywa was, byście byli głosicielami wiary i radości, czego wyrazem są gałązki palmowe i oliwne, które trzymacie dziś w rękach – symbol nowej wiosny łaski, piękna, dobroci i pokoju. Pan Jezus jest z wami i towarzyszy wam!

Niedziela Palmowa, Watykan, 28 marca 1999

BÓG PRAGNIE, ABYŚMY BYLI ŚWIĘCI

Młodzi przyjaciele, stając w obliczu tych wielkich tajemnic, uczcie się przyjmować postawę kontemplacji. Z zachwytem podziwiajcie Nowo Narodzonego, którego Maryja wydała na świat,

owiniętego w pieluszki i położonego w żłobie:
to sam Bóg, który przyszedł do nas. Patrzcie
na Jezusa z Nazaretu, przez jednych przyjętego,
a przez innych wyszydzonego, wzgardzonego
i odrzuconego: to Zbawiciel wszystkich.
Adorujcie Chrystusa, naszego Odkupiciela,
który nas wybawia i wyzwala od grzechu
i śmierci: to żywy Bóg, źródło Życia.
Kontemplujcie i rozważajcie tę prawdę! Bóg
stworzył nas, byśmy mieli udział w Jego własnym
życiu; powołuje nas, byśmy byli Jego dziećmi,
żywymi członkami mistycznego Ciała Chrystusa,
świetlanymi świątyniami Ducha miłości.
Wzywa nas, byśmy „należeli" do Niego:
pragnie, aby wszyscy byli święci. Młodzi
przyjaciele, miejcie świętą ambicję być świętymi,
tak jak On jest święty!

ORĘDZIE NA XV ŚWIATOWY DZIEŃ MŁODZIEŻY,
WATYKAN, 29 CZERWCA 1999

NAŚLADUJCIE MARYJĘ

Tak, Maryję należy bardzo kochać i czcić,
jednakże Jej kult, aby był autentyczny:
– musi mieć mocne oparcie w Piśmie Świętym
i w Tradycji, podkreślać wartość liturgii i z niej
czerpać niezawodne wskazanie dla bardziej
spontanicznych form przejawów pobożności
ludowej;
– winien się wyrażać przez wysiłek naśladowania
Tej, która jest cała święta, na drodze do osobistej
doskonałości;
– winien wystrzegać się wszelkich przesądów
i płytkiej łatwowierności, należycie interpretując,
zgodnie z rozeznaniem Kościoła, nadzwyczajne
wydarzenia, przez które Najświętsza Panna
nierzadko się objawia dla dobra Ludu Bożego;
– musi prowadzić zawsze do źródła wielkości
Maryi, stając się nieustannym Magnificat,
hymnem uwielbia Ojca, Syna i Ducha Świętego.

Drodzy bracia i siostry! „Kto przyjmuje jednego
z tych najmniejszych w imię moje, przyjmuje
Mnie" – powiedział nam Jezus w Ewangelii.
Tym bardziej mógłby też powiedzieć:
„Kto przyjmuje moją Matkę, przyjmuje Mnie".
Maryja zaś, przyjęta z synowską miłością,
raz jeszcze wskazuje nam Syna, jak uczyniła
na weselu w Kanie: „Zróbcie wszystko,
cokolwiek wam powie" (J 2, 5).

HOMILIA NA ZAKOŃCZENIE XX MIĘDZYNARODOWEGO
KONGRESU MARYJNO-MARIOLOGICZNEGO,
WATYKAN, 24 WRZEŚNIA 2000

GŁOSIĆ CHRYSTUSA BEZ AROGANCJI, ALE Z DUMĄ

„Głos się odzywa: Wołaj!" (Iz 40, 6). To wezwanie
Proroka rozbrzmiewa ze szczególną mocą
w naszym zgromadzeniu liturgicznym.
Jest ono skierowane do was, ludzi należących
do środowisk uniwersyteckich i świata kultury.
Także wy, drodzy przyjaciele, powinniście wołać.
Nie można bowiem przemilczać prawdy
Chrystusa. Trzeba ją głosić, bez arogancji,
ale stanowczo i z dumą. O tej właśnie odwadze
(parresia) mówi Nowy Testament. Powinna ona
również cechować udział chrześcijan
w tworzeniu kultury. Młodzi przedstawiciele
środowisk uniwersyteckich, „wołajcie"
świadectwem waszej wiary! Nie zadowalajcie się
życiem przeciętnym, pozbawionym wzniosłych
ideałów, nastawionym tylko na osiągnięcie
krótkotrwałych korzyści. Nie szczędźcie
wysiłków, by uniwersytet był godny człowieka
i by również dzisiaj umiał w sposób krytyczny
służyć społeczeństwu. Europa potrzebuje nowego
zaczynu intelektualnego, zdolnego ukazywać
wzorce życia opartego na dyscyplinie,
zaangażowaniu i poświęceniu, prostego
w słusznych dążeniach, szczerego w ich realizacji

i przejrzystego w sposobie postępowania.
Konieczna jest nowa odwaga myślenia,
które musi być wolne i twórcze, gotowe
odpowiadać w perspektywie wiary na pytania
i wyzwania, jakie stawia życie, aby jasno
ukazywać ostateczne prawdy o człowieku.
Drodzy bracia i siostry! Pochodzicie z różnych
krajów kontynentu europejskiego, ze Wschodu
i z Zachodu. Jesteście niejako symbolem Europy,
którą macie razem budować. Jednak abyście mogli
wypełnić tę trudną misję, potrzeba wam
cierpliwości i wytrwałości pasterza, który szuka
zbłąkanej owcy. O nim mówi odczytany dziś
fragment Ewangelii według św. Mateusza.
Musi to być poszukiwanie nieustanne, do którego
nie zniechęca nawet znikomość rezultatów
i przed którym nie powstrzymują nieuniknione,
a czasem narastające przeciwności
i niezrozumienie. Poszukiwanie mądre i gorliwe,
jak poszukiwanie człowieka, który zna i kocha.
Dla pasterza zabłąkana owca nie jest jedną ze stu,
ale jakby jedyną: woła ją po imieniu i rozpoznaje
jej głos. Jednym słowem: kocha ją. Taki jest nasz
Bóg. Współczesny człowiek potrzebuje usłyszeć
głos Chrystusa, prawdziwego Pasterza, który daje
życie za swoje owce. Bądźcie zatem apostołami
zdolnymi przyciągnąć dusze do Pana i pomagajcie
im doświadczyć Jego kojącego odkupienia.

DO STUDENTÓW, WATYKAN, 11 GRUDNIA 2001

NIE UTRAĆCIE SMAKU EWANGELII

Drodzy młodzi! Uczcie się od Jezusa i od Jego
oraz naszej Matki. O prawdziwej sile człowieka
świadczy wierność, z jaką potrafi dawać
świadectwo prawdzie, nie zważając na
pochlebstwa, pogróżki, niezrozumienie i szantaże,
a nawet okrutne i bezlitosne prześladowanie.
Oto droga, którą mamy iść za naszym

Odkupicielem, posłuszni Jego wezwaniu.
Tylko wówczas, gdy będziecie do tego zdolni,
staniecie się tym, do czego Jezus was powołał:
„solą ziemi" i „światłem świata" (Mt 5, 13–14).
To właśnie jest – jak wiecie – tematem
najbliższego Światowego Dnia Młodzieży.
Obraz soli „ma nam przypominać, że przez
chrzest cała nasza istota została głęboko
przemieniona, ponieważ została »przyprawiona«
nowym życiem pochodzącym od Chrystusa"
(por. Rz 6, 2) [orędzie na XVII Światowy Dzień
Młodzieży]. Młodzi przyjaciele, nie utraćcie
swego „smaku" chrześcijan,
smaku Ewangelii! Zachowujcie go, rozważając
nieustannie misterium paschalne.
Niech krzyż uczy was mądrości. Niech ta
najdoskonalsza szkoła mądrości i miłości
będzie waszą jedyną chlubą.

DO MŁODZIEŻY, WATYKAN, 24 MARCA 2002

NIECH POKÓJ STANIE SIĘ ZACZYNEM SOLIDARNOŚCI I MIŁOŚCI

Z troską i nadzieją proszę was,
wspólnoty chrześcijańskie
na wszystkich kontynentach,
abyście dawały świadectwo,
że Jezus prawdziwie zmartwychwstał,
i byście uczyniły wszystko, aby Jego pokój
przerwał dramatyczny łańcuch krzywd
i zabójstw, które znaczą krwią Ziemię Świętą,
w tych ostatnich dniach ponownie pogrążoną
w lęku i w beznadziei.
Wydaje się, że wypowiedziano wojnę pokojowi!
Wojna jednak niczego nie rozwiązuje,
rozsiewa jedynie cierpienie i śmierć,
niczemu nie służą też wzajemne oskarżenia i odwet.
Jest to prawdziwie wielka tragedia.
W jej obliczu nikt nie może milczeć

i pozostawać bierny,
żaden przywódca polityczny czy religijny.
Niech oskarżeniom towarzyszą
konkretne gesty solidarności,
które pomogą wszystkim odnaleźć
wzajemny szacunek
i drogę do uczciwych negocjacji.
Na tej ziemi Chrystus umarł i zmartwychwstał,
i pozostawił pusty grób
jako milczącego i wymownego świadka.
Zadawszy w sobie śmierć wrogości,
zburzył mur dzielący ludzi
i pojednał wszystkich przez krzyż
(por. Ef 2, 14–16), a teraz wzywa nas,
swoich uczniów, abyśmy ustalili wszystko,
co rodzi nienawiść i chęć odwetu.
Iluż członków rodziny ludzkiej
cierpi wciąż z powodu biedy i przemocy!
W ilu zakątkach świata słychać jeszcze wołanie
człowieka, który wzywa pomocy,
bo cierpi i umiera:
w Afganistanie, ciężko doświadczonym
w minionych miesiącach, a teraz dotkniętym
katastrofalnym trzęsieniem ziemi,
w tylu innych krajach świata,
w których nierówności społeczne
i konflikty interesów uderzają
w niezliczone rzesze naszych braci i sióstr.
Mężczyźni i kobiety trzeciego tysiąclecia!
Pozwólcie, że wam powtórzę:
otwórzcie serce Chrystusowi
ukrzyżowanemu i zmartwychwstałemu,
który przychodzi do was z darem pokoju!
Tam gdzie przychodzi Chrystus
zmartwychwstały,
tam wraz z Nim przychodzi prawdziwy pokój!
Niech zapanuje nade wszystko
w każdym ludzkim sercu, głębokiej przepaści,
którą niełatwo uczynić zamieszkaną
(por. Jr 17, 9).
Niech pokój przeniknie również
wzajemne stosunki

pomiędzy warstwami społecznymi,
ludami, językami i różnymi mentalnościami,
i niech stanie się wszędzie zaczynem
solidarności i miłości.

Orędzie urbi et orbi, Watykan, 31 marca 2002

Ekumenizm zadaniem każdego chrześcijanina

Obowiązek przywracania pełnej i widzialnej
jedności wszystkich ochrzczonych nie spoczywa
tylko na nielicznych specjalistach zajmujących się
ekumenizmem; jest zadaniem każdego
chrześcijanina, każdej diecezji i parafii, każdej
wspólnoty Kościoła. Wszyscy są zobowiązani
podjąć to zadanie, i muszą sobie wziąć do serca
modlitwę Jezusa o to, aby wszyscy byli jedno.
Wszyscy są powołani do modlitwy i działania
w intencji jedności uczniów Chrystusa.
To ekumeniczne dążenie jest szczególnie
potrzebne dzisiaj – w obliczu świata,
który dojrzewa do zjednoczenia – i Kościół musi
podejmować nowe wyzwania, stające przed jego
misją ewangelizacyjną. Sobór stwierdził,
że podział chrześcijan jest „zgorszeniem
dla świata, a nadto przynosi szkodę najświętszej
sprawie głoszenia Ewangelii" (Unitatis
redintegratio, 1). Działalność ekumeniczna
i działalność misyjna są zatem powiązane:
są to dwie drogi, na których Kościół wypełnia
swą misję w świecie i w konkretny sposób
wyraża swoją powszechność. W naszej epoce
jesteśmy świadkami szerzenia się wypaczonego
humanizmu bez Boga i z głębokim bólem
dowiadujemy się o krwawych konfliktach
nękających świat. W takiej sytuacji Kościół
tym bardziej powinien być znakiem
i narzędziem jedności i pojednania z Bogiem
i pomiędzy ludźmi.

Watykan, 13 listopad 2004

PRZESŁANIE
DO ŚWIATA

OTWÓRZCIE DRZWI CHRYSTUSOWI!

Bracia i Siostry! Nie obawiajcie się przyjąć
Chrystusa i zgodzić się na Jego władzę!
Pomóżcie Papieżowi i wszystkim, którzy chcą
służyć Chrystusowi i przy pomocy władzy
Chrystusowej służyć człowiekowi
i całej ludzkości! Nie lękajcie się! Otwórzcie,
a nawet, otwórzcie na oścież drzwi Chrystusowi!
Jego zbawczej władzy otwórzcie granice państw,
ustrojów ekonomicznych i politycznych,
szerokich dziedzin kultury, cywilizacji, rozwoju.
Nie lękajcie się! Chrystus wie, „co jest
w człowieku". Tylko On to wie! Dzisiaj tak często
człowiek nie wie, co nosi w sobie, w głębi swojej
duszy, swego serca. Tak często jest niepewny
sensu swego życia na tej ziemi. Tak często
opanowuje go zwątpienie, które przechodzi
w rozpacz. Pozwólcie zatem – proszę was, błagam
was z pokorą i ufnością – pozwólcie Chrystusowi
mówić do człowieka, tylko On ma słowa życia,
tak, życia wiecznego.

INAUGURACJA PONTYFIKATU,
WATYKAN, 22 PAŹDZIERNIKA 1978

– Przyjmijcie tajemnicę, w której żyje każdy
człowiek odkąd narodził się Chrystus.
– Szanujcie tę tajemnicę!
– Pozwólcie tej tajemnicy działać w każdym
człowieku!
– Pozwólcie jej rozwijać się w warunkach
zewnętrznych jego istnienia ziemskiego.
W tej tajemnicy znajduje się moc
człowieczeństwa. Moc, która promieniuje na to
wszystko, co jest ludzkie. Nie utrudniajcie tego
promieniowania. Nie niszczcie go. Wszystko
co ludzkie wzrasta z tej mocy; bez niej zanika,
bez niej idzie na marne. I dlatego dziękuję wam
wszystkim – rodzinom, narodom, państwom,
organizacjom międzynarodowym, systemom
politycznym, ekonomicznym, społecznym
i kulturalnym – za to wszystko, co czynicie,
aby życie ludzi w swoich różnych aspektach
mogło stawać się coraz bardziej ludzkie, czyli
coraz bardziej godne człowieka. Życzę wam
z serca i błagam was, byście nie ustawali w tym
wysiłku, w tym zaangażowaniu.

DO LUDZI DOBREJ WOLI, ORĘDZIE URBI ET ORBI,
25 GRUDNIA 1978

PRZYJMIJCIE WIELKĄ PRAWDĘ O CZŁOWIEKU!

Człowiek żyje, pracuje, tworzy, cierpi, walczy,
kocha, nienawidzi, wątpi, upada i podnosi się
we wspólnocie z innymi. Zwracam się dlatego
do wszystkich rozmaitych wspólnot. Do ludów,
do narodów, do rządów, do systemów
politycznych, ekonomicznych, społecznych
i kulturalnych, i mówię:
– Przyjmijcie wielką prawdę o człowieku.
– Przyjmijcie pełną prawdę o człowieku,
wypowiedzianą w noc Bożego Narodzenia.
– Przyjmijcie ten wymiar człowieka, który się
otworzył dla wszystkich ludzi w tę świętą noc!

NIE MOŻEMY TRWAĆ W BEZCZYNNOŚCI!

Cała ludzkość winna zastanawiać się
nad przypowieścią o bogaczu i Łazarzu. Ludzkość
winna przełożyć ją na pojęcia współczesne,
na pojęcia ekonomii i polityki, na pojęcia
wszystkich praw ludzkich, na pojęcia relacji
między „Pierwszym", „Drugim" i „Trzecim"
światem. Nie możemy trwać bezczynnie,
podczas gdy tysiące istot ludzkich umierają
z głodu. Nie możemy pozostawać obojętni,
podczas gdy deptane są prawa ducha ludzkiego,
podczas gdy zadaje się gwałt ludzkiemu sumieniu
w zakresie prawdy, religii, twórczości kulturalnej.
Nie możemy trwać w bezczynności, ciesząc się

naszymi bogactwami i naszą wolnością, jeżeli, gdziekolwiek, Łazarz dwudziestego wieku leży u naszej bramy. W świetle Chrystusowej przypowieści bogactwo i wolność pociągają za sobą specjalną odpowiedzialność. Bogactwo i wolność stwarzają specjalne zobowiązanie. I tak w imię solidarności, która jednoczy nas wszystkich razem we wspólnej ludzkości, proklamuję na nowo godność każdej osoby ludzkiej: bogacz i Łazarz, obydwaj są istotami ludzkimi, obydwaj stworzeni na obraz i podobieństwo Boże, obydwaj na równi odkupieni przez Chrystusa, za wszelką cenę „drogocennej Krwi Chrystusa" (1P 1, 19).

DO LUDZI DOBREJ WOLI, NOWY JORK,
2 PAŹDZIERNIKA 1979

DAJCIE DOWÓD NAJSZLACHETNIEJSZEJ SOLIDARNOŚCI!

Zwracam się do waszej inteligencji i do waszego serca ponad namiętnościami, ideologiami i granicami. Zwracam się do tych wszystkich, którzy z racji władzy politycznej i ekonomicznej mogliby narzucać i często narzucają ludziom nauki warunki pracy i jej kierunek. Zwracam się przede wszystkim do każdego z osobna człowieka nauki i do całej międzynarodowej wspólnoty naukowej. Wszyscy razem jesteście wielką potęgą: potęgą umysłów i sumień! Okażcie się potężniejsi od najpotężniejszych w naszym współczesnym świecie. Zdobądźcie się na to, aby dać dowód najszlachetniejszej solidarności z ludzkością: solidarności, jaka się zasadza na godności osoby ludzkiej. Budujcie pokój od samego fundamentu: od poszanowania wszystkich praw człowieka, zarówno tych, które dotyczą materialno--ekonomicznych, jak też tych, które dotyczą duchowych i wewnętrznych wymiarów jego bytowania w tym świecie. Niech waszym

natchnieniem będzie mądrość. Niech ożywia Was miłość, która stłumi narastającą w świecie grozę nienawiści i zniszczenia. Ludzie nauki, użyjcie całego waszego autorytetu moralnego, aby zachować rodzinę ludzką przed zagładą nuklerną.

UNESCO, PARYŻ, 2 CZERWCA 1980

LICZY SIĘ TYLKO MIŁOŚĆ

Spójrzcie! Liczy się tylko miłość i – nie zawaham się tego powtórzyć – tylko miłość buduje! Wy musicie walczyć o życie, zrobić wszystko, aby poprawić warunki bytowania, to Wasz święty obowiązek, gdyż taka jest także wola Boża. Nie mówcie, że wolą Bożą jest, abyście pozostawali w biedzie, chorobie, złych warunkach mieszkaniowych, godzących w Waszą godność osób ludzkich. Nie mówcie: „To Bóg tego chce". Wiem, że nie zależy to tylko od Was. Wiem, że dużo należy do innych, aby skończyć ze złymi warunkami, które Was dotykają, albo je poprawić. Ale to Wy musicie zawsze być pierwsi w ulepszaniu Waszego życia we wszystkich jego przejawach. Musicie pragnąć przezwyciężyć złe warunki, podać ręce jedni drugim, aby wspólnie szukać lepszych dni; nie czekać na wszystko z zewnątrz, ale zacząć robić wszystko, co możliwe, spróbować się kształcić, aby mieć więcej szans na poprawę: oto kilka ważnych kroków, jakie musicie uczynić na swej drodze. Tak oto, z tego miejsca i w obecnej chwili, w Waszym imieniu, jako Wasz brat w ludzkości, z władzą miłości i siłą Ewangelii Jezusa Chrystusa, proszę wszystkich tych, którzy mogą lub powinni pomóc, aby pozwolili, by do ich serca doszło echo niepokoju płynące z Waszych serc, gdy brakuje Wam pożywienia, odzieży, domu, wykształcenia, pracy, lekarstw, wszystkiego, co jest potrzebne, aby człowiek mógł żyć jak osoba ludzka. Niechaj moje wołanie spowoduje dialog, choćby cichy, dialog miłości wyrażającej się

aktami pomocy i współdziałania między braćmi.
Bóg, Ojciec nas wszystkich, chętnie zobaczy
i pobłogosławi taką dobroć, tak jak Jezus obiecał:
„Dawajcie, a będzie wam dane" (Łk 6, 38).
Tym apelem do sumienia pragnę dodać odwagi
Waszym pragnieniom, które są także moimi
pragnieniami, abyście się stali bardziej ludzcy
w całej swojej godności, bardziej braćmi
wszystkich w całej ludzkiej rodzinie i bardziej
synami Bożymi, wiedząc i stosując wszystko to,
co słowa te oznaczają.

SALVADOR DA BAHIA, BRAZYLIA, 7 LIPCA 1980

Pokój Chrystusa dla całej ludzkości

W pierwszych dniach września, które
przypominają nam co roku straszliwy gwałt
zadany naszej Ojczyźnie, dwadzieścia zaledwie
lat po odzyskaniu niepodległości po rozbiorach,
wypada nam szczególnie modlić się o to, aby ten
międzynarodowy ład moralny był przestrzegany,
w Europie i całym świecie. Ażeby ani nasza
Ojczyzna, ani żaden inny naród nie padał ofiarą
niczyjej agresji ani przemocy. Wypada nam
modlić się o to i świadczyć o tym – wszyscy to
zresztą czynimy – modlić się o to i świadczyć
o tym, ażeby stosunki i w Europie, i w całym
świecie, gruntowały się na poszanowaniu praw
każdego narodu, które są organicznie związane
z prawami człowieka. To są, moi drodzy Rodacy,
nieodzowne refleksje związane co roku
z początkiem września. Wypowiadam je do Was,
tu obecnych, wypowiadam je do wszystkich
moich Rodaków w Ojczyźnie, wypowiadam je
do wszystkich ludzi dobrej woli na całym świecie.
Są to słowa pokoju. Tego pokoju, którego Kościół
z racji posłannictwa przekazanego mu
od Chrystusa, chce być sługą w stosunku do całej
ludzkości, do wszystkich ludzi dobrej woli.

AUDIENCJA DLA POLAKÓW, WATYKAN, 3 WRZEŚNIA 1980

Nigdy więcej wojny!

O oto w tym miejscu, gdzie przed 35 laty życie
tylu ludzi uleciało w jednym błysku ognia, pragnę
zaapelować do całego świata w imię życia, w imię
ludzkości i w imię przyszłości.
Głowom państw i rządów, tym, którzy dzierżą
władzę polityczną i ekonomiczną, mówię: dążmy
do pokoju poprzez sprawiedliwość, podejmijmy
teraz solenną decyzję, że wojny nie będzie się już
nigdy tolerować ani widzieć w niej metody
rozwiązywania sporów; przyrzeczmy naszym
braciom, ludziom, że będziemy niestrudzenie
pracować nad rozbrojeniem i zakazem stosowania
wszystkich broni nuklearnych; zamiast przemocy
i nienawiści nieśmy ufność i życzliwość.
Do każdego mężczyzny, do każdej kobiety,
w tym kraju i na całym świecie, mówię: weźmy
odpowiedzialność za siebie nawzajem i za naszą
przyszłość, nie zważając na granice i różnice
społeczne; uczmy się sami i uczmy innych
kroczyć drogami pokoju; niech ludzkość
nigdy już nie będzie ofiarą walki pomiędzy
konkurencyjnymi systemami.
Nigdy więcej wojny!
Do młodych ludzi całego świata mówię:
stwórzmy razem nową przyszłość braterstwa
i solidarności; wyciągnijmy dłoń do naszych braci
i sióstr w potrzebie, nakarmmy głodnych, dajmy
schronienie bezdomnym, uwolnijmy
ciemiężonych, nieśmy sprawiedliwość tam,
gdzie słychać jedynie szczęk broni. Wasze młode
serca szczególnie są skłonne do dobroci i miłości:
oddajcie je w służbę waszym ludzkim braciom.
Wszystkim powtarzam słowa Proroka:
„Wtedy swe miecze przekują na lemiesze,
a swoje włócznie na sierpy. Naród przeciw
narodowi nie podniesie miecza, nie będą się więcej
zaprawiać do wojny" (Iz 2, 4)

HIROSZIMA, JAPONIA, 25 LUTEGO 1981

NIECH NIKT NIE BĘDZIE DYSKRYMINOWANY Z POWODU WIARY

Wołamy do rządów, zwierzchników państw,
do ustrojów i społeczeństw:
– ażeby wszędzie była w poszanowaniu zasada
wolności religijnej;
– ażeby człowiek z powodu swojej wiary
w Chrystusa nie był dyskryminowany,
upośledzany, pozbawiony dostępu do owoców
swych obywatelskich zasług;
– ażeby wspólnotom chrześcijańskim nie
brakowało pasterzy, miejsc kultu, ażeby nie byli
zastraszani, wtrącani do więzień, skazywani;
– ażeby katolicy Kościoła Wschodniego mieli takie
same prawa jak ich bracia w Kościele Zachodnim.
Wołamy o miejsce dla Chrystusa w całym
rozległym Betlejem współczesnego świata.
O prawo obywatelstwa dla Tego, który narodził
się za czasów cesarza Augusta podczas spisu
ludności. Niech to wołanie podejmują wspólnie
ze mną wszyscy, którzy czują, jak straszliwą
krzywdą dla człowieka jest podeptanie praw
jego sumienia i wolności religii.

DO RZĄDZĄCYCH, ORĘDZIE URBI ET ORBI,
WATYKAN, 25 GRUDNIA 1981

NIE OKALECZAJCIE CZŁOWIEKA!

W tym miejscu zwracam się z pełnym troski apelem
do wszystkich, którzy zajmują się społecznym
przekazem, żyjących we wszystkich szerokościach
geograficznych i wyznających różne religie:
– Pracujący w dziedzinie środków przekazu,
byście nie przedstawiali człowieka w sposób
okaleczony i zniekształcony, człowieka
zamkniętego na prawdziwie ludzkie wartości!
– Byście dawali miejsce temu, co transcendentne,
temu, co czyni człowieka bardziej człowiekiem!
– Byście nie drwili z wartości religijnych,

nie pomijali ich, nie interpretowali na podstawie
ideologicznych schematów!
– Byście przekazywali wasze informacje opierając
się na kryteriach prawdy i sprawiedliwości,
i poczuwali się do obowiązku sprostowania
i naprawienia błędu, gdy zdarzy się wam go
popełnić!
– Byście nie szerzyli zepsucia w społeczeństwie,
a szczególnie wśród młodzieży, przez
pokazywanie z upodobaniem i natarczywością
obrazów zła, przemocy, upadku moralnego,
poprzez ideologiczne manipulowanie i sianie
niezgody!
– Trzeba, byście wy wszyscy, ludzie środków
społecznego przekazu, byli świadomi,
że rozpowszechniane przez was wiadomości
docierają do mas, które są masami tylko
ze względu na liczebność tworzących je ludzi,
z których każdy jest człowiekiem, konkretną
i niepowtarzalną osobą, i jako osoba musi być
uznawany i szanowany. Biada temu, przez kogo
dokonuje się zgorszenie, przede wszystkim
wśród najmniejszych! (por. Mt 18, 6). Mówiąc
krótko: angażujcie się w rozwój kultury, która jest
naprawdę na miarę człowieka, w poczuciu,
że działając w ten sposób ułatwiacie spotkanie
z wiarą, której nikt nie powinien się lękać.

DO DZIENNIKARZY, WATYKAN, 24 MAJA 1984

„TAK" DLA ŻYCIA

Mówcie „tak" ludzkiemu życiu we wszystkich
jego fazach! Słusznie występujcie w obronie
środowiska naturalnego, roślin i zwierząt!
Mówcie jednak bardziej jeszcze zdecydowanie
„tak" ludzkiemu życiu, które w hierarchii
stworzeń stoi ponad wszystkim, co istnieje
w widzialnym świecie! Ratujcie nienarodzonego
człowieka przed zagrożeniem ze strony człowieka
już urodzonego, który rości sobie prawo

do decydowania o życiu dziecka w łonie matki,
do zabijania go!

LICHTENSTEIN, 8 WRZEŚNIA 1985

POKÓJ NIE ZNA PODZIAŁÓW

Drodzy Przyjaciele, wszyscy Bracia i Siostry:
u początku nowego roku ponawiam swój apel
skierowany do Was wszystkich; apel o porzucenie
wszelkiej wrogości, o skruszenie pęt, jakie tworzą
światowe napięcia. Wzywam Was, abyście te
napięcia Północ–Południe i Wschód–Zachód
przemienili w nowe więzi społecznej solidarności
i dialogu. Organizacja Narodów Zjednoczonych
ogłosiła rok 1986 Międzynarodowym Rokiem
Pokoju. Ta szlachetna inicjatywa zasługuje
na zachętę i na poparcie z naszej strony.
Czyż można w lepszy sposób poprzeć cele Roku
Pokoju niż czyniąc stosunki Północ–Południe
i Wschód–Zachód podstawą powszechnego
pokoju! Do Was, politycy i mężowie stanu,
zwracam się z apelem: tak sprawujcie władzę,
by pobudzać społeczeństwo do ustawicznego
wysiłku w tym kierunku. Do Was, przedsiębiorcy,
do Was, odpowiedzialni za organizacje finansowe
i handlowe, zwracam się z apelem: ponownie
przemyślcie Waszą odpowiedzialność
za wszystkich Waszych braci i siostry.
Do Was, strategowie wojskowi, oficerowie,
naukowcy i technologowie, zwracam się z apelem:
użyjcie Waszego doświadczenia w taki sposób,
by rozwijało ono dialog i wzajemne porozumienie.
Do Was, cierpiący, dotknięci kalectwem,
niepełnosprawni fizycznie, zwracam się z apelem:
ofiarujcie Wasze modlitwy i Wasze życie
w intencji przełamania barier dzielących świat.
Do Was wszystkich, którzy wierzycie w Boga,
zwracam się z apelem: żyjcie w świadomości,
że tworzycie jedną rodzinę, której Ojcem jest Bóg.
Do Was wszystkich i do każdego z osobna, młodzi

i starzy, słabi i możni, zwracam się z apelem:
przyjmijcie pokój jako wartość jednoczącą Wasze
życie. W jakimkolwiek miejscu naszej planety
żyjecie, gorąco błagam Was o wytrwanie
w solidarności i szczerym dialogu: pokój jest
wartością, która nie zna podziałów
na Północ–Południe, Wschód–Zachód;
wszędzie jest tylko jeden lud zjednoczony wolą
powszechnego pokoju.

DO WSZYSTKICH LUDZI DOBREJ WOLI,
ORĘDZIE NA XIX ŚWIATOWY DZIEŃ POKOJU,
WATYKAN, 8 GRUDNIA 1985

PRZYWRÓCIĆ RÓWNOWAGĘ MIĘDZY NAUKĄ A SUMIENIEM

Wobec gromadzenia na świecie groźnego
potencjału militarnego, wobec rozwoju coraz
straszliwszych broni masowej zagłady
i związanego z tym handlu bronią, a także wobec
zanieczyszczenia ziemi i powietrza, rzek i mórz,
niszczenia flory i fauny przez produkty naszej
technicznej cywilizacji, i wobec zagrożeń
wynikających z możliwości manipulowania
technikami genetycznymi – coraz więcej ludzi
zaczyna powątpiewać w sens i celowość
nowoczesnych badań naukowych. Koniecznie
trzeba przywrócić równowagę pomiędzy nauką
a sumieniem. Sama nauka musi obecnie kierować
się pochodzącymi od Boga, niezbywalnymi,
podstawowymi prawami człowieka, nastawić się
na służenie jego prawdziwemu dobru, a także
ochronę i ratowanie dewastowanej przyrody.
Od tej odpowiedzialności nauka uchylić się nie
może. Nauka zawsze powinna uważać się za
część światowej kultury i przekraczając granice
specjalistycznych dyscyplin oraz aktualnych
podziałów geograficznych pytać o sens i miejsce
ludzkiej egzystencji w całokształcie
rzeczywistości. Kierując się rozumem

i sumieniem, musimy być ludźmi poczuwającymi się do solidarności z całym światem.

BOTTROP, NIEMCY, 2 MAJA 1987

ABY EUROPEJCZYK NIE ULEGŁ MOCOM ŚMIERCI DUCHOWEJ

Jesteśmy przecież niejako w nowym adwencie dziejów świata, zwłaszcza tutaj, na starym kontynencie. Czy dane nam przez Chrystusa „zbawienie" nie powinno dotrzeć na nowo do najdalszych krańców Europy? Wszyscy czujemy, jak bardzo potrzebujemy odnowy, zwrócenia się na nowo ku Bogu. Odnowa, nawrócenie i zwrócenie się ku Bogu, ku źródłom wiary, refleksja nad nie zubożoną wiarą – oto do czego wzywa nas dzisiejsze święto narodzenia Jana Chrzciciela i do czego zachęca nas też przykład św. Marcina. Tak, wszyscy wiemy o konieczności odnowy w naszym społeczeństwie, nowej ewangelizacji naszego kontynentu: aby człowiek europejski nie utracił zmysłu swej elementarnej godności, aby nie uległ zgubnym mocom śmierci duchowej, lecz aby miał życie i miał je w obfitości! (por. J 10,10)

EISENSTADT, AUSTRIA, 24 CZERWCA 1988

ZDOBYWAJCIE MIŁOŚĆ, KTÓRA SZUKA DOBRA

Człowieku naszych czasów! Człowieku, który żyjesz zanurzony w świecie, wierząc, że nad nim panujesz, gdy jesteś raczej jego ofiarą, Chrystus wyzwala cię z wszelkiego zniewolenia i posyła cię, abyś zdobył siebie samego, abyś zdobył miłość, która buduje i szuka dobra, miłość wymagającą, która sprawi, że będziesz budował, a nie niszczył swoje jutro, własną rodzinę, swoje środowisko,

całe społeczeństwo. (...) Człowieku naszego czasu! Chrystus wyzwala cię z więzów egoizmu i wzywa, ażebyś bez zwłoki i z radością dzielił się z innymi i byś poświęcał się dla dobra bliźnich. Odwiedziłem kraje Sahelu w Afryce i widziałem piasek, który zasypuje wioski i wysusza studnie, pali oczy, dzieci upodabnia do szkieletów, paraliżuje młode siły, niesie rozpacz, głód, chorobę i śmierć. Śmierć z głodu i pragnienia. Człowieku naszych czasów! Narody bogate, żyjące w cywilizacji sytości! Nie pozostawajcie obojętne wobec tej wielkiej tragedii, zrozumcie konieczność pospieszenia z pomocą tym ludom, które każdego dnia walczą o przeżycie. Wiedzcie, że nie ma wolności tam, gdzie panuje nędza. Niech ludzka i chrześcijańska solidarność będzie wyzwaniem dla waszych sumień, ażeby ten piasek stopniowo ustępował miejsca promocji człowieka, ażeby ziemia rodziła chleb, a ludzie znów mogli się uśmiechać, by znaleźli zatrudnienie, nadzieję i możliwość postępu. Widziałem tam również, dzięki Bogu, wolontariuszy, poszczególne osoby, stowarzyszenia, instytucje, kapłanów, zakonników, ludzi świeckich różnych zawodów, którzy się angażują i poświęcają na rzecz dobra braci najbardziej doświadczonych i samotnych. Dziękuję im w imię ukrzyżowanego i zmartwychwstałego Chrystusa. Człowieku naszych czasów! Chrystus cię wyzwala, ponieważ cię kocha, ponieważ wydał za ciebie siebie samego (por. Ga 2, 20), ponieważ dla ciebie i dla wszystkich odniósł zwycięstwo. Chrystus oddał świat i ciebie Bogu i przywrócił Boga tobie oraz światu. Na zawsze! „Ufajcie, Jam zwyciężył świat!" Teraz, pokładając całą ufność w miłości Chrystusa do człowieka, do człowieka, który we wszystkich miejscach ziemskiego globu żyje, ma nadzieję, cierpi, kocha, pozdrawiam ludy i narody w ich własnych językach, życząc wszystkim radości i pokoju zmartwychwstałego Chrystusa.

ORĘDZIE WIELKANOCNE URBI ET ORBI, WATYKAN, 15 KWIETNIA 1990

LUDZKOŚCI, POWSTAŃ Z CHRYSTUSEM

Chrystus zwycięża ciemności i objawia człowiekowi pełną godność jego powołania. Ludzkości naszych czasów, powstań razem z Nim z martwych. Wtedy będziesz mogła z miłością przyjąć życie, od chwili, gdy się budzi, aż po jego naturalny kres. Staniesz z mocą przeciw wyzyskowi ubogiego. Powiesz „nie" handlowi bronią i wprowadzisz na jego miejsce plan prawdziwej solidarności, w pełni służącej człowiekowi. Ludzkości naszych czasów, usłysz głos wyrażający od dawna zapomniane pragnienie uciśnionych narodów, takich jak palestyński, libański i kurdyjski, które upominają się o prawo do istnienia w godności, sprawiedliwości i wolności, od lat na próżno powtarzając te słuszne żądania. Nie bój się pozwolić, by każdy człowiek był wolny w wyznawaniu własnych przekonań religijnych.

WATYKAN, 31 MARCA 1991

NIE ZABIJAJ, LECZ CHROŃ ŻYCIE

Czy jest taka ludzka instancja, czy jest taki parlament, który ma prawo zalegalizować zabójstwo niewinnej i bezbronnej ludzkiej istoty? Kto ma prawo powiedzieć: „wolno zabijać", nawet: „trzeba zabijać", tam gdzie trzeba najbardziej chronić i pomagać życiu? Zauważmy jeszcze, że przykazanie: „nie zabijaj" zawiera w sobie nie tylko zakaz. Ono wzywa nas do określonych postaw i zachowań pozytywnych. Nie zabijaj, ale raczej chroń życie, chroń zdrowie i szanuj godność ludzką każdego człowieka, niezależnie od jego rasy czy religii, od poziomu inteligencji, stopnia świadomości czy wieku, zdrowia czy choroby. Nie zabijaj, ale raczej przyjmij drugiego człowieka jako dar Boży – zwłaszcza jeśli jest to twoje własne dziecko. Nie zabijaj, ale raczej staraj się pomóc twoim bliźnim, aby z radością przyjęli swoje

dziecko, które – po ludzku biorąc – uważają, że pojawiło się nie w porę. Musimy zwiększyć równocześnie naszą społeczną troskę nie tylko o dziecko poczęte, ale również o jego rodziców, zwłaszcza o jego matkę – jeśli pojawienie się dziecka stawia ich wobec kłopotów i trudności ponad ich siły, przynajmniej tak myślą. Troska ta winna znaleźć wyraz zarówno w spontanicznych ludzkich postawach i działaniach, jak też w tworzeniu instytucjonalnych form pomocy dla tych rodziców poczętego dziecka, których sytuacja jest szczególnie trudna. Niech również parafie i klasztory włączają się w ten ruch solidarności społecznej z dzieckiem poczętym i jego rodzicami.

RADOM, 4 CZERWCA 1991

NASZĄ MISJĄ JEST GŁOSIĆ POKÓJ

Pokój na ziemi jest zadaniem dla nas – ludzi „dobrej woli". Jest zadaniem szczególnie dla chrześcijan. Jesteśmy za niego odpowiedzialni wobec świata i w świecie, który nie zna prawdziwego pokoju, jeśli nie da mu go Jezus Chrystus poprzez swoje „narzędzia pokoju", poprzez „pokój czyniących" (por. Mt 5,9). Pisał Paweł VI w tekście tu odczytanym: „Naszą misją jest wołać «Pokój!» pośród ludzi walczących ze sobą. Naszą misją jest przypominać ludziom, że są braćmi. Naszą misją jest uczyć ludzi miłości i pojednania, wychowania do życia w pokoju".

ASYŻ, WŁOCHY, 9 STYCZNIA 1993

NIE MOŻE ZNÓW ZAPANOWAĆ LĘK PRZED SILNIEJSZYMI

Patrząc z tego miejsca w Europie na wszystkie kraje europejskie – od Zachodu po Wschód, od Atlantyku po Ural – musimy potwierdzić znaczenie fundamentalnych praw, które pozwalają ludziom, społecznościom i narodom żyć w pokoju, żyć w duchu wzajemnego poszanowania swoich praw. Fundamentem cywilizacji ludzkiej, chrześcijańskiej, demokratycznej i europejskiej są prawa ludzkiej osoby, a także prawa narodów. Wydaje się, że bardzo ściśle łączą się z tą problematyką słowa dzisiejszej liturgii, które omówiliśmy już i rozważyliśmy w homilii. Musimy się wzajemnie akceptować, bo Chrystus nas zaakceptował. Musimy się akceptować w relacjach między osobami. W pewnym sensie sprowadzają się one do poszanowania praw osoby ludzkiej. Wzajemna akceptacja w stosunkach między narodami i państwami także wyraża się przez wzajemne poszanowanie praw tych narodów i państw. Tak więc cały porządek ludzkiego współistnienia sprowadza się do dwóch rodzajów praw: praw osoby i praw narodów.

Wzajemna akceptacja między narodami oznacza poszanowanie praw innych narodów. Narody wielkie i małe powinny cieszyć się takimi samymi prawami. Jeżeli zabraknie tego wzajemnego poszanowania praw, powstaje ryzyko, że powrócimy znów do tego, od czegośmy odeszli, bo w naszym stuleciu widzieliśmy już, jak można deptać prawa człowieka i narodów. Jeśli chcemy wejść do nowej Europy – sprawiedliwej, godnej własnych tradycji, także chrześcijańskich, godnej swoich chrześcijańskich korzeni – musimy ponownie głęboko rozważyć te dwa porządki: prawa osób i prawa narodów. (...) Dziś chcemy wejść w nowy okres. Po doświadczeniach obecnego stulecia, po tylu dziesięcioleciach ludzkich cierpień, indywidualnych i narodowych, chcemy wejść w epokę wzajemnego szacunku, szacunku wielkich wobec małych. Wszyscy mają prawo do szacunku. Zwłaszcza najmniejsi muszą mieć pewność, że ich suwerenne prawa będą respektowane. Nie może znów zapanować lęk

przed silniejszymi i większymi. Ci ostatni zaś nie tylko nie powinni budzić lęku w mniejszych i słabszych, ale sami winni gwarantować poszanowanie ich praw.

TALLINN, ESTONIA, 10 WRZEŚNIA 1993

PAŃSTWO RODZINIE

Jako pierwotna komórka społeczeństwa, rodzina ma prawo oczekiwać wszelakiej pomocy od Państwa, aby móc wypełnić właściwą sobie misję. Ustawy państwowe winny więc wyrażać troskę o jak najlepsze warunki bytowe rodziny i pomagać w realizacji jej zadań. Wobec coraz bardziej dziś natarczywej tendencji do uprawomocnienia owych namiastek związku małżeńskiego, to znaczy form związków, które ze względu na swe istotne cechy lub swą zamierzoną nietrwałość nie mogą w żadnym wypadku wyrażać sensu rodziny ani służyć jej dobru, obowiązkiem Państwa jest popieranie i ochrona autentycznej instytucji rodziny, poszanowanie jej naturalnego kształtu oraz przyrodzonych i niezbywalnych praw. Wśród nich fundamentalne znaczenie ma prawo rodziców do wolnego i odpowiedzialnego decydowania – w świetle własnych przekonań moralnych i religijnych oraz właściwie ukształtowanego sumienia – o tym, kiedy dać życie dziecku, aby następnie wychować je zgodnie z takimi przekonaniami. Istotną rolę odgrywa też Państwo w tworzeniu warunków umożliwiających rodzinom zaspokajanie swych podstawowych potrzeb w sposób odpowiadający ich ludzkiej godności. Ubóstwo czy wręcz nędza – nieustannie zagrażające ładowi społecznemu, rozwojowi ludów i sprawie pokoju – dotykają dziś zbyt wielu rodzin. Zdarza się czasem, że z braku odpowiednich środków młode pary małżeńskie zmuszone są odkładać decyzję o stworzeniu rodziny lub wręcz tego zaniechać, natomiast rodziny żyjące w niedostatku nie mogą w pełni uczestniczyć w życiu społeczeństwa lub zostają całkowicie zepchnięte na jego margines. Powinności Państwa nie zwalniają jednak z odpowiedzialności poszczególnych obywateli: rzeczywiste zaspokojenie najpoważniejszych potrzeb każdego społeczeństwa możliwe jest bowiem dzięki zgodnej solidarności wszystkich. Istotnie, nikt nie powinien zaznać spokoju, dopóki problem ubóstwa, nękający rodziny i jednostki, nie znajdzie właściwego rozwiązania. Niedostatek jest zawsze zagrożeniem dla ładu społecznego i dla rozwoju gospodarczego, a więc – w ostatecznym rozrachunku – dla pokoju. Pokój pozostanie zawsze chwiejny, dopóki jednostki i rodziny zmuszone będą walczyć o własne przetrwanie.

Orędzie na XXVII Światowy Dzień Pokoju,
Watykan, 8 grudnia 1993

NIE MA PRZYSZŁOŚCI BEZ PAMIĘCI

Jest rzeczą ważną, aby drugi konflikt światowy, ta największa wojna w dziejach ludzkości, była w dalszym ciągu rozpatrywana w świetle tajemnicy paschalnej. Utrzymywanie żywej pamięci tamtych wydarzeń jest potrzebą nie tylko historyczną, ale również moralną. Nie należy zapominać! Nie ma przyszłości bez pamięci. Nie ma pokoju bez pamięci! Zatrzymując się przed grobami osób poległych w tamtym okresie, rozmyślamy o konsekwencjach przemocy i nienawiści. I zadajemy sobie decydujące pytanie: czy zostały wyciągnięte wszystkie koniecznie wnioski z tej tragedii? W ciągu tych ostatnich 50 lat widzieliśmy, że owa lekcja nie została odczytana do końca. Niestety, w wielu regionach świata nadal toczą się wojny, morduje się ludzi.

Dlatego z mocą musimy wołać: Dość wojny! Budujmy pokój! Trzeba czynić wszystko, aby usunąć bariery i przeszkody, które utrudniają realizowanie pokoju. Pokój jest wspólnym powołaniem każdego człowieka i wszystkich narodów, pokój jest naszym posłannictwem.

Watykan, 11 czerwca 1995

ODPOWIEDZIĄ NA LĘK
BUDOWA CYWILIZACJI MIŁOŚCI

Musimy pokonać nasz lęk przed przyszłością. Ale nie możemy go do końca pokonać inaczej jak tylko razem. „Odpowiedzią" na ten lęk nie jest przymus ani ucisk, ani narzucanie jedynego „modelu" społecznego całemu światu. Odpowiedzią na lęk, który kładzie się cieniem na ludzkiej egzystencji u końca XX w., jest wspólny trud budowania cywilizacji miłości, wzniesionej na fundamencie uniwersalnych wartości – pokoju, solidarności, sprawiedliwości i wolności. Zaś „duszą" cywilizacji miłości jest kultura wolności: wolności jednostek i narodów, przeżywanej w duchu ofiarnej solidarności i odpowiedzialności.
Nie powinniśmy bać się przyszłości.
Nie powinniśmy bać się człowieka. To nie przypadek, że znajdujemy się tutaj. Każda pojedyncza osoba została stworzona na „obraz i podobieństwo" Tego, który jest początkiem wszystkiego, co istnieje. Nosimy w sobie zdolność do osiągnięcia mądrości i cnoty. Dzięki tym darom i z pomocą łaski Bożej możemy zbudować w nadchodzącym stuleciu i dla dobra przyszłego tysiąclecia cywilizację godną człowieka, prawdziwą kulturę wolności. Możemy i musimy tego dokonać. A czyniąc to, przekonamy się, że łzy naszego stulecia przygotowały ziemię na nową wiosnę ludzkiego ducha.

ONZ, Nowy Jork, 5 października 1995

POLITYCY MUSZĄ SZANOWAĆ GODNOŚĆ KAŻDEJ LUDZKIEJ ISTOTY

Dziś nadal stoją przed odpowiedzialnymi za politykę ogromne zadania. Umacnianie instytucji demokratycznych, rozwój gospodarczy, współpraca międzynarodowa – wszystkie te działania osiągają swój prawdziwy cel tylko wówczas, gdy zapewnią taki poziom życia, który pozwoliłby człowiekowi rozwijać wszystkie wymiary swojej osobowości. Wzniosłość misji ludzi kierujących polityką polega na tym, że mają oni działać w taki sposób, aby zawsze była szanowana godność każdej ludzkiej istoty; stwarzać sprzyjające warunki dla budzenia ofiarnej solidarności, która nie pozostawia na marginesie życia żadnego współobywatela; umożliwiać każdemu dostęp do dóbr kultury; uznawać i wprowadzać w życie najwyższe wartości humanistyczne i duchowe; dawać wyraz swoim przekonaniom religijnym i ukazywać ich wartość innym. Postępując tą drogą, kontynent europejski umocni swoją jedność, dochowa wierności tym, którzy położyli podwaliny pod jego kulturę, i spełni swoje doczesne powołanie w świecie.

GNIEZNO, 3 CZERWCA 1997

NIE BĘDZIE JEDNOŚCI EUROPY BEZ WSPÓLNOTY DUCHA

Czyż nie można powiedzieć, że po upadku jednego muru, tego widzialnego, jeszcze bardziej odsłonił się inny mur, niewidzialny, który nadal dzieli nasz kontynent – mur, który przebiega przez ludzkie serca? Jest on zbudowany z lęku i agresji, z braku zrozumienia dla ludzi o innym pochodzeniu i innym kolorze skóry, przekonaniach religijnych, jest on zbudowany z egoizmu politycznego i gospodarczego oraz z osłabienia wrażliwości na wartość życia ludzkiego i godność każdego człowieka.

Nawet niewątpliwe osiągnięcia ostatniego okresu na polu gospodarczym, politycznym, społecznym nie przesłaniają istnienia tego muru. Jego cień kładzie się na całej Europie. Dla prawdziwego zjednoczenia kontynentu europejskiego droga jeszcze jest daleka. Nie będzie jedności Europy, dopóki nie będzie *ona* wspólnotą ducha. Ten najgłębszy fundament jedności przyniosło Europie i przez wieki go umacniało chrześcijaństwo ze swoją Ewangelią, ze swoim rozumieniem człowieka i wkładem w rozwój dziejów ludów i narodów.

Nie jest to zawłaszczanie historii.

Jest bowiem historia Europy jakby wielką rzeką, do której wpadają rozliczne dopływy i strumienie, a różnorodność tworzących ją tradycji i kultur jest jej wielkim bogactwem. Zrąb tożsamości europejskiej jest zbudowany na chrześcijaństwie. A obecny brak jej duchowej jedności wynika głównie z kryzysu tej właśnie chrześcijańskiej samoświadomości.

GNIEZNO, 3 CZERWCA 1997

STAŃCIE SIĘ ODPOWIEDZIALNYMI TWÓRCAMI WASZEGO ŻYCIA

Walka z plagą narkomanii jest sprawą wszystkich ludzi; wymaga, by każdy wywiązał się z obowiązków, jakie na nim spoczywają. Wzywam przede wszystkim małżonków, by budowali mocne więzi małżeńskie i rodzinne, oparte na miłości wyłącznej, trwałej i wiernej. W ten sposób stworzą najlepsze warunki dla spokojnego życia w swoim domu, zapewniając dzieciom poczucie trwałości relacji uczuciowych oraz wiary we własne siły, której potrzebują, aby dojrzewać duchowo i psychicznie. Ważne jest też, aby rodzice, na których spoczywa największa odpowiedzialność za los dzieci, a wraz z nimi cała społeczność dorosłych troszczyła się nieustannie o wychowanie i wykształcenie młodzieży. Wzywam zatem wszystkich uczestniczących w procesie wychowania, aby podwoili wysiłki na rzecz młodych, którzy muszą właściwie ukształtować swoje sumienie, rozwijać życie wewnętrzne, nawiązywać pozytywne relacje i konstruktywny dialog z braćmi. Pomogą im w ten sposób stać się wolnymi i odpowiedzialnymi twórcami własnego życia. Młodzi ludzie posiadający uporządkowaną osobowość oraz solidną formację humanistyczną i moralną, nawiązujący harmonijne i oparte na zaufaniu relacje z rówieśnikami i dorosłymi, będą umieli skuteczniej przeciwstawić się pokusom handlarzy narkotyków.

Wzywam władze cywilne, osoby kierujące gospodarką oraz odpowiedzialne na wszelkich szczeblach za sprawy społeczne, aby ze zdwojoną energią dążyły do doskonalenia prawodawstwa wymierzonego przeciw narkomanii oraz zwalczania wszelkich form kultury narkotyków i handlu nimi, który stanowi źródło bogactwa zdobytego niegodziwie, bo żerującego na słabości bezbronnych istot ludzkich. Zachęcam władze publiczne, rodziców, wychowawców, pracowników służby zdrowia oraz wspólnoty chrześcijańskie, aby coraz aktywniej i w sposób zorganizowany prowadziły działalność prewencyjną wśród młodzieży i dorosłych. Ważne jest, aby zwłaszcza młodzież miała dostęp do poważnej i ścisłej informacji medycznej, podkreślającej szkodliwe efekty narkotyków w sferze cielesnej, intelektualnej, psychicznej, społecznej i moralnej. Wiem, z jakim poświęceniem i niestrudzoną cierpliwością pracują ci, którzy opiekują się ludźmi uwikłanymi w narkomanię i ich rodzinami. Wzywam rodziców, których dziecko jest narkomanem,

by nie tracili nadziei, by nie przerywali dialogu z nim, by otoczyli je miłością i pomagali mu znaleźć kontakt z instytucjami, które będą mogły mu pomóc. Serdeczne wsparcie rodziny bardzo pomaga w wewnętrznej walce i sprzyja postępom terapii odwykowej.

WATYKAN, 11 PAŹDZIERNIKA 1998

RELIGIE POWOŁANE DO JEDNOŚCI

W aktualnej sytuacji międzynarodowej wzywam wszystkich – osoby indywidualne, rodziny, wspólnoty – do odmawiania, w miarę możliwości codziennie, różańca w intencji pokoju, o zachowanie świata od złowieszczej plagi terroryzmu. Straszliwa tragedia, do jakiej doszło 11 września br., wspominana będzie jako mroczna karta dziejów ludzkości. W obliczu tej sytuacji Kościół pragnie być wierny swemu prorockiemu charyzmatowi i wzywa wszystkich ludzi, by wypełniali swój obowiązek budowania pokojowej przyszłości rodziny ludzkiej. Oczywiście, pokój łączy się zawsze ze sprawiedliwością, a ona z kolei musi kierować się miłosierdziem i miłością. Powinniśmy pamiętać, że żydzi, chrześcijanie i muzułmanie czczą Jedynego Boga. Dlatego te trzy religie są powołane do jedności i pokoju. Niech Bóg zrządzi, by wierni Kościoła znaleźli się wśród tych, którzy ze szczególnym zaangażowaniem dążą do sprawiedliwości, odrzucają przemoc i budują pokój! Niech Maryja, Królowa Pokoju, wstawia się za całą ludzkością, aby nienawiść i śmierć nie miały nigdy ostatniego słowa!

ROZWAŻANIE PRZED MODLITWĄ „ANIOŁ PAŃSKI",
WATYKAN, 30 WRZEŚNIA 2001

SPRAWIEDLIWOŚĆ I PRZEBACZENIE WARUNKAMI POKOJU

– *Nie ma pokoju bez sprawiedliwości, nie ma sprawiedliwości bez przebaczenia* – pragnę powiedzieć w tym Orędziu wierzącym i niewierzącym, ludziom dobrej woli, którym leży na sercu dobro ludzkiej rodziny i jej przyszłości.

– *Nie ma pokoju bez sprawiedliwości, nie ma sprawiedliwości bez przebaczenia* – pragnę przypomnieć tym, którzy są odpowiedzialni za losy ludzkich wspólnot, aby trudne i poważne decyzje podejmowali zawsze w świetle prawdziwego dobra człowieka, w perspektywie dobra wspólnego.

– *Nie ma pokoju bez sprawiedliwości, nie ma sprawiedliwości bez przebaczenia* – nieustannie będę ostrzegał wszystkich, których z tego czy innego powodu przepełnia nienawiść, pragnienie zemsty, żądza zniszczenia.

Niech w Dniu Pokoju z serca wszystkich wiernych popłynie najżarliwsza modlitwa za każdą z ofiar terroryzmu, za ich tragicznie doświadczone rodziny i za wszystkie narody, które terroryzm i wojna wciąż ranią i pogrążają w chaosie. Niech nasza modlitwa obejmie również tych, którzy ciężko obrażają Boga i człowieka swymi bezlitosnymi czynami – niech dane im będzie zastanowić się nad sobą i uświadomić sobie zło, które czynią, aby byli skłonni porzucić drogę przemocy i szukać przebaczenia. Oby w tych burzliwych czasach rodzina ludzka odnalazła prawdziwy i trwały pokój, taki, który może się zrodzić wyłącznie ze spotkania sprawiedliwości z miłosierdziem!

DO LUDZI DOBREJ WOLI, ORĘDZIE NA XXXV ŚWIATOWY DZIEŃ POKOJU, WATYKAN, 8 GRUDNIA 2001

MUSIMY RAZEM PRZECIWSTAWIĆ SIĘ POKUSIE NIENAWIŚCI I PRZEMOCY

Apeluję szczególnie do mężczyzn i kobiet, którzy w ubiegłym stuleciu przeżyli tragiczne wojny światowe. Zwracam się do młodych, którzy mieli szczęście tych wojen nie widzieć. Do wszystkich mówię: musimy razem stanowczo przeciwstawić się pokusie nienawiści i przemocy, które dają jedynie pozorne rozwiązania konfliktów, a powodują rzeczywiste i trwałe straty. Przebaczenie natomiast, które może się wydawać słabością, wymaga wielkiej siły duchowej i zapewnia długotrwałe korzyści. Przebaczenie, przeciwstawiające się odruchowi, by odpowiedzieć złem na zło, jest postawą, która szczególnie w przypadku chrześcijan ma głęboką motywację religijną, ale również podstawę racjonalną. W rzeczywistości wszystkich, wierzących i niewierzących, obowiązuje zasada, by czynić innym to, czego oczekuje się od nich. Ta norma etyczna, zastosowana na płaszczyźnie społecznej i międzynarodowej, jest najskuteczniejszą drogą, by zbudować świat bardziej sprawiedliwy i solidarny. W świecie zglobalizowanym, w którym skutki zamachów na sprawiedliwość i pokój w głównej mierze ponoszą najsłabsi, konieczna staje się globalna mobilizacja sumień. Wielki Jubileusz Roku 2000 przygotował jej fundamenty: nie należy się zniechęcać w obliczu prób, jakie niesie historia, lecz wytrwale dążyć do tego, by wybory osobiste, rodzinne i społeczne, jak i ogólne plany rozwoju narodowego i międzynarodowego miały właściwy kierunek.

WATYKAN, 1 STYCZNIA 2002

ZATRZYMAĆ FALĘ ŚMIERCI

Pokój jest możliwy zawsze! Zawsze trzeba współpracować, by wykorzenić z kultury i życia zarodki goryczy i nieporozumienia, takie jak pragnienie dominacji nad innymi, bezwzględna żądza zysku, pogarda dla cudzej tożsamości. Tego typu postawy są bowiem przesłankami przyszłych aktów przemocy i wojny. Konflikt nigdy nie jest nieunikniony! Szczególnym zadaniem różnych religii jest uświadamianie wszystkim mężczyznom i kobietom tej prawdy, która jest darem Boga a zarazem owocem wielowiekowych doświadczeń dziejowych. Nazwałem to „duchem Asyżu". Nasz świat potrzebuje tego ducha, potrzebuje, by rodził on przekonania i postawy, które utrwalają pokój, umacniają instytucje międzynarodowe i szerzą pojednanie. „Duch Asyżu" pobudza religie, by wnosiły swój wkład w nowy humanizm, którego współczesny świat tak bardzo potrzebuje.

(...) Świat potrzebuje pokoju. Każdego dnia nadchodzą wiadomości o aktach przemocy, o zamachach terrorystycznych, o działaniach wojennych. Czyżby świat tracił nadzieję na osiągnięcie pokoju? Można niekiedy odnieść wrażenie, że stosowanie przemocy i przelewanie niewinnej krwi stopniowo przeradza się w nawyk. W obliczu tych niepokojących zjawisk pochylam się z zadumą nad Pismem Świętym i znajduję w nim pokrzepiające słowa Jezusa: „Pokój zostawiam wam, pokój mój daję wam. Nie tak jak daje świat, Ja wam daję. Niech się nie trwoży serce wasze ani się lęka" (J 14, 27). Słowa te budzą nadzieję w nas, chrześcijanach, wierzących w Tego, który jest „naszym pokojem" (Ef 2, 14). Pragnę jednak zwrócić się do wszystkich i prosić, by nie ulegali logice przemocy, odwetu, nienawiści, lecz wytrwale prowadzili dialog. Trzeba zatrzymać falę śmierci, która zniewala i pogrąża we krwi tak wiele regionów świata. Wyznawcy wszystkich religii mogą tu wnieść znaczący wkład.

DO PRZEDSTAWICIELI RÓŻNYCH RELIGII,
CASTEL GANDOLFO, 3 WRZEŚNIA 2004

ZAPOBIEGAĆ, ŻEBY NIE PRZEWAŻAŁO PRAWO SILNIEJSZEGO

„Błogosławieni, którzy wprowadzają pokój, albowiem oni będą nazwani synami Bożymi" (Mt 5, 9). Jak te słowa, które zapraszają do działania na niezmierzonym polu budowania pokoju, mogłyby znaleźć głęboki oddźwięk w ludzkim sercu, jeśli nie odpowiadałyby na pragnienie i nadzieję, które żyją w nas niezniszczalne? Z jakiego powodu wprowadzający pokój mieliby być nazwani synami Bożymi, jeśli nie dlatego, że Bóg ze swej natury jest Bogiem pokoju? Właśnie dlatego w przesłaniu zbawienia, jakie Kościół rozgłasza w świecie, są elementy doktrynalne o fundamentalnym znaczeniu dla opracowywania koniecznych pryncypiów pokojowego współistnienia narodów.

Historyczne dzieje uczą, że budowanie pokoju nie może się dokonywać z pominięciem poszanowania porządku etycznego i prawnego, zgodnie z antycznym powiedzeniem: Serva ordinem et ordo servabit te (zachowaj regułę, a reguła zachowa ciebie).

Prawodawstwo międzynarodowe winno zapobiegać sytuacjom, w których przeważałoby prawo silniejszego. Jego zasadniczym celem jest zastąpienie „materialnej siły broni moralną siłą prawa", przewidując właściwe sankcje wobec tych, którzy nie przestrzegają jego norm, oraz odpowiednie odszkodowania dla ofiar. Powinno to dotyczyć także tych rządzących, którzy pod niedopuszczalnym pretekstem, że chodzi o wewnętrzne sprawy państwa, bezkarnie naruszają godność i prawa człowieka.

DO LUDZI DOBREJ WOLI,
ORĘDZIE NA XXXVII ŚWIATOWY DZIEŃ POKOJU,
WATYKAN, 8 GRUDNIA 2003

ZOSTAŃ Z NAMI, PANIE!

Mane nobiscum, Domine! Zostań z nami, Panie! (por. Łk 24, 29) Pierwszego dnia po szabacie – tego dnia, w którym wydarzyła się rzecz niewiarygodna – tymi słowami uczniowie z Emaus zapraszali tajemniczego Wędrowca, by pozostał z nimi, bo słońce chyliło się już ku zachodowi.

Chrystus zmartwychwstał, zgodnie z obietnicą, lecz oni jeszcze o tym nie wiedzieli. Niemniej słowa, które słyszeli w drodze z ust Wędrowca, coraz bardziej rozpalały ich serca. Dlatego prosili Go: „Zostań z nami". Później, gdy siedzieli przy stole podczas wieczerzy, rozpoznali Go przy „łamaniu chleba". A On zaraz potem zniknął. Pozostał im przełamany chleb, a w sercach słodycz Jego słów.

Umiłowani bracia i siostry,
Słowo i Chleb Eucharystii, tajemnica i dar paschalny, pozostają przez wieki jako nieustanna pamiątka męki, śmierci i zmartwychwstania Chrystusa! Dzisiaj, w Święto Zmartwychwstania, my także powtarzamy z wszystkimi chrześcijanami na świecie: Zostań z nami, Jezusie, ukrzyżowany i zmartwychwstały! Zostań z nami, wierny Przyjacielu i pewna ostojo dla ludzkości kroczącej drogami czasu! Ty, żywe Słowo Ojca, wlej ufność i nadzieję w tych, którzy szukają prawdziwego sensu swego istnienia. Ty, Chlebie życia wiecznego, nasyć człowieka godnego prawdy, wolności, sprawiedliwości i pokoju.

Zostań z nami, żywe Słowo Ojca, naucz nas słów i czynów pokoju: pokoju dla ziemi uświęconej Twoją krwią i przesiąkniętej krwią tylu niewinnych ofiar; pokoju dla krajów Bliskiego Wschodu i Afryki, gdzie nadal przelewa się tyle krwi; pokoju dla całej ludzkości, której wciąż grozi niebezpieczeństwo bratobójczych wojen.

Zostań z nami, Chlebie życia wiecznego, łamany i dzielony pomiędzy współbiesiadników: obdarz i nas siłą potrzebną do wielkodusznej solidarności z rzeszami, które jeszcze dzisiaj cierpią i umierają z nędzy i głodu, są dziesiątkowane przez śmiercionośne epidemie czy padają ofiarami strasznych klęsk naturalnych. W mocy Twojego Zmartwychwstania niech i oni staną się uczestnikami nowego życia.

Potrzebujemy Ciebie, zmartwychwstały Panie, także my, ludzie trzeciego tysiąclecia! Zostań z nami teraz i po wszystkie czasy. Spraw, by materialny postęp ludów nigdy nie usunął w cień wartości duchowych, które są duszą ich cywilizacji. Prosimy Cię, wspieraj nas w drodze.
W Ciebie wierzymy, w Tobie pokładamy nadzieję, bo Ty jeden masz słowa życia wiecznego (por. J 6, 68). Mane nobiscum, Domine!

ALLELUJA!

WATYKAN, 27 MARCA 2005